U0098958

# 學會知足，人生才會幸福

## 人生，剛好就好

五種豁達獨到的哲學境界　四篇直探心坎的療癒小品

這本書，絕對不是要教你如何致富、如何成功、不能輸只能贏的工具書，而是希望能夠藉著故事的情節與觀點讓您重新醒思自己、定位自己。

# 五子登科又怎樣

銀子、房子、妻子（丈夫）、兒子、車子，這五子，你（妳）擁有了幾子呢？

覺得哪一子最重要呢？哪一子該最先擁有呢？該怎麼排先後順序呢？

或許你已經五子登科全部都擁有了，或許只差一子就登峰攻頂了，又或許曾經擁有但現在已經失去了，也有可能失去後又重新擁有了，又或是活到現在，除非奇蹟，有幾子已經有自知之名不可能擁有了。

不過這都沒關係，不論現在的你得到多少或是失去了什麼，問問自己，快樂嗎？滿足嗎？幸福嗎？

這本書，絕對不是要教你怎麼「在幾歲前一定要做到的幾件事」的那種勵志書，或是那種教你如何致富、如何成功、不能輸只能贏的工具書，而是希望能夠藉著故事的情節來呼喚大家認清人生的真相，不管現在式的自己是擁有的多還是失去的多，最重要的是正視

我們心靈底層的聲音。

想想看，我們為什麼要擁有這五子呢？是因為別人都擁有了所以我們不得不去追逐，還是真的有了解到這五子在生命中的真正價值是什麼呢？

擁有固然可喜，但千萬不要為了擁有而擁有，為了別人的眼光而去追求，或只是為了社會的壓力而勉強自己！

期盼能夠藉由書中的故事與觀點讓您重新醒思自己、定位自己。也許有很多人已經五子登科了卻一點也不快樂，而有些人一子也沒有卻活的豐盈有餘。因此，無論如何告訴自己，擁有的要更加珍惜，失去的也不必惆悵，只有此刻才是最真的自己！

引用英國詩人布萊克的一段話：「試圖把自己綁在幸福之上的人，是毀壞了展翅高翔的人生；對飛過的幸福只親吻一下的人，則生活在永恆的朝霞之中。」

換個角度看，五子登科是種可遇而不可求的人生際遇，可能擁有也可能失去，所以，漸漸的我們會發現，其實，「人生，剛好就好」，那就順其自然的努力隨緣吧！

這本書的寫法，我會針對「房子」、「夫妻」、「兒子」與「銀子」各有一篇短篇療癒故事，然後在故事結束後再與各位讀者分享我自己對這五子的看法，期盼能夠與您做最深度的心靈交流。

# 目錄
Contents

PART 2

# 夫妻篇



## 夫妻關係到底是什麼？ 085

# 目錄 Contents

## PART 3 兒子篇

## 銀子篇

# 目錄 Contents

PART 1

# 房子篇

# 前言

現在的你，是無殼鍋牛，每個月得看房東的臉色度日，還是已經是個準有殼族，只是每個月沉重的房貸壓的讓人有些喘不過氣來。

還是很幸運的，你是完完全全的有殼一族，住在屬於自己的房子裡，每個月不必替房事操煩的有屋階級。

或是，你一生下來父母就有好幾棟房子，其中有幾棟還是你的，你的職業職稱叫「房東」，每個月躺著給別人臉色看，過著盈盈美黛子的生活。

其實，房子左右著一個人的人生際遇，除了少部分幸運的人父母就留下房子給他們，終其一生不必品嘗房事的壓力外，大部分的人，每個月的收入有極大部分的比例都奉獻給房子，不論是繳房租或是揹房貸都是個很大的負擔。

再加上我們是以農立國，因此「有土斯有財」的觀念深植人心，房子的擁有與否成了非常重要的人生指標，有一間屬於自己的房子就象徵著有形的財富，讓人有安定的幸福感。

只是近年來隨著都市化的發展，房價越炒越高，都會區的房價更是的嚇人，有一份統計指出，一般薪水族要不吃不喝幾十年才能買一間房子，因此，買一間自己的房子對一般受薪階級還真是不可承受之重！

究竟，房子在我們的人生裡代表著什麼意義？

房子＝家嗎？

有了房子才算一個完整的家嗎？

還是要有一個完整的家一定要有一間屬於自己的房子？

還是如古諺所說的：金窩銀窩都不如狗窩來的好！

接下來，邀請您用心閱讀「土石流淹沒下的兒時房間」短篇小說，然後再跟您一同分享我的獨到看法！

# 「土石流淹沒下的兒時房間」

一早醒來，睜開眼看看四周，然後走到窗邊往外望，大口貪婪的吸取著眼前的這份靜謐氛圍，這彷如隔世卻熟悉的感覺，奇妙的一點一滴的療癒著我的傷口。

真的很奇妙，離婚後離開台北的豪宅回到窮鄉僻壤的老家將近半個月了，原本每夜必須仰賴安眠藥才能入睡的我，竟再這個破舊衰老不堪的房間裡一覺到天亮。

醫生說我的病情要有所進步就必須從改善睡眠開始，安眠藥只是治標，根本的還是必須從源頭去解決，把糾纏於心頭的結解開才能復原。

憂鬱症這種病實在是有口難言，不定時的就會心悸、胸悶、胃痛、喘不過氣來，它不像癌症是被突變的癌細胞啃蝕侵襲，而是從心的底層深處被無法言喻的黑洞所掏空，然後無止境的向下墜去！

醫生頂多是聽聽我的傾訴，點點頭的假裝說，「是的，我懂！我能了解你此刻的心情！」然後開幾顆千篇一律的藥，最後再補上一句：「這些事，一定要看開點！要放下才會走的出來！」

問題是如果「看開」、「放下」這麼容易，那麼世間就不會有那麼多說不完的愁了！

還好，兩個禮拜前，我終於做下決定，離開台北市郊那棟千萬豪宅回來這裡。說真的沒有絲毫的掙扎那是騙人的，但當我關上門鎖上庭院深深的大門時，竟然有了一股重生的感覺，這是一股難以言喻的心情，像是死過後又活過來，也像是又活了一次一樣。

兩個星期過去了，被憂鬱症所苦的症狀漸漸的緩解了，離開台北豪宅，我竟然沒有一絲想要再回去的慾念。那裡曾經是我夢寐以求而且引以為傲的人生，如今清楚的知道只是一場南柯一夢。

回想兩週前從台北歸鄉的路上，東岸的火車沿著海岸線奔馳疾駛著，看著窗外流逝後退的景緻，我的心中真有說不出的感慨。過去一直認為從東海岸北上代表著夢想的實現，反方向就是衰老、緩慢、凋敝與傾頹。我想徹底的脫離這個家，我不可能跟他們一樣的沒出息。

只是，成功的人生是什麼?幸福到底是什麼呢？

十五年過去了，現在的我像是洗盡鉛華般的回到原點，想從最初始的地方歸零！但是該怎麼做呢？眼前感覺一片茫然，不過至少有個歸零的點可以落腳。

贍養費加上賣豪宅的錢，其實我的生活無虞，但我的心該怎麼站起來呢？

火車終於靠站，一出月台步入車站大廳，就看到妹妹熱情的跟我揮手，絲毫沒有一絲的不耐煩，她真的是個善良的人，難道完全忘了我對她做的一切嗎？還是那是她裝出來的？還是媽媽有交代不能刺激我？還是她已經有了幸福的生活，所以早就忘了這一切？

「姊，歡迎妳回來！」

妹妹主動的把身體靠了過來，我們輕輕的擁抱了一下。

「真是不好意思，店裡那麼忙，還麻煩妳來接我！」

「怎麼會呢？姊妳自己說，妳幾年才回來一次，還說什麼麻煩！」

「就是這樣我才不好意思啊！」

「什麼嘛，難道我們是外人嗎？是一家人還說什麼不好意思，而且妳行李這麼多，一個人要怎麼走嘛？」

是啊，我們是外人嗎？此時的我必須承認，我曾經萬分的希望我們是外人，不要有任何的血緣關係，也許這些年來，我拼命的想抹去是一家人的印記，但現在，他們都沒有把我當作外人看待！

一直以來都是我扮演強者、成功者的角色，妹妹就像這樣不記仇的展露出一股傻大妹的氣息，只是走過了這一遭，也許傻傻的才能知足，知了足也才能快樂吧！

坐上發財車，妹妹邊開車一邊說個不停……

「姊，妳沒住家裡的這些年，房間我都還是有按時打掃喔，保證跟妳離開的時候一樣，而且我覺得還更乾淨呢！」

「還有姊啊，妳還沒見過我兒子啦，他現在還在牙牙學語的亂說一通，我覺得這時候最可愛了！」

「對了，隔壁的麗花生了個三胞胎，天啊，一次三個喔，誰是誰都快分不清了」

看著妹妹眉飛色舞的說著，我想她是完全的真情流露，活像個三姑六婆似的，但那絕對是純真無矯的，反看我自己，卻總是算計太多，自己覺得聰明、追逐不完的成功，擁有的比他們都多卻從來沒有快樂過。

回想起小時後，我跟小兩歲的妹妹真的是有著天壤之別的差異，我曾經很懷疑同一個娘胎出來的人怎麼可能差這麼多！長相上，我就是「可愛」、「漂亮」、「公主」、「巴比娃娃」、「中國小姐」等等許多女人夢寐以求的代名詞，不管是老是少、是男是女都會對我投注關愛的眼神。

最令我驕傲的，莫過於國小三年級就接到愛慕者的情書，而且之後就從來沒間斷過，受到愛慕者的包圍對我來說是家常便飯，但對我那個妹妹來說，就只有幫我收情書遞情書還有傳話的份了！

妹妹雖然沒有糟到恐龍的程度，卻在抱歉的邊緣徘徊，怎麼都很難跟我聯想在一起，所以我覺得用「平庸」來形容似乎還瞞貼切的，平平凡凡、庸庸碌碌的！

而且不只是外表，腦袋裡的智商我也始終名列前矛，所以舉凡智力測驗、各類才藝競賽像是作文比賽、朗讀比賽等我都有傲人的成績，學業更是始終保持在全校前三名。

總之，我就是風雲人物的代表，似乎被成功包圍的是理所當然的，是個不折不扣的A咖，別人對我只有奉承的份，因此妹妹更是受盡我的冷朝熱諷，我竟然曾經帶著非常不屑的口吻對著妹妹說：「妳怎麼那麼笨啊？」、「我要是妳可能老早就自殺了！」、「妳長成那樣在男人面前不會不好意思嗎？」

現在想起來很可笑，但是我真的曾經覺得，家鄉的一切是悲慘的，妹妹的、媽媽乃至於這裡的一切一切，我都要想盡辦法撇去，落後、愚笨、沒知識、沒出息，我以這裡為恥。

更因為我的成績太過優越，高中聯考時順利的考上了台北的第一志願，在當時這個偏僻的鄉下簡直是大頭條，有史有來幾乎沒有這種事發生過，但我就是辦到了，這能夠不驕傲嗎？

照常理說，以高一當時才十五歲的年紀要離鄉背井應該是很難過的，但回想起當時的心情我似乎是高興勝過恐懼，只是對於陌生的未來有股不確定感，但只要想到能夠離開落後迎向光明的未來，就覺得是無比的興奮，也許我天生就有優人一等的資質因子吧！

可是直到高一開學了一陣子，班上的同學漸漸的熟識了我才驚覺，原來班上有將近一半的同學是台北市大安區的人，下課後有雙B轎車來接送，他們父母的職業幾乎都是醫生、律師、議員、立委等，還有半數有雙重國籍，也就是在另一個國家還有另一個身分，以美國、加拿大還有澳洲最多。

這個現實當時真的震撼了我，也打擊到我，讓我體驗到什麼叫做人外有人天外有天、一山還有一山高的感覺。原來，出生的差異會有這麼大，有人一生下來就在所謂「成功組」的家庭裡，在成功組的家庭庇蔭下成為人中人鳳中鳳不過就是自然的結果了！

而我呢？從窮鄉僻壤的偏僻地方考來台北已經不是件容易的事，所謂的成功的人生，我一定要追逐到。也許正是因為這個陰影給了我繼續追逐光亮的動力，我發誓一定要盡我所能離開東海岸那棟破舊寒酸的屋子！

後來，我也的確爭到了，雖然無法擁有雙重國籍，但至少擁有一個稱頭多金的老公、豪宅、名車，但，我還是不滿足，當然，他也不滿足，於是，無止境的需索究竟盡頭會是什麼樣子呢？

如今在走過一遭後，看著駕駛座上喋喋不休的妹妹，我覺得她的身上洋溢著傻傻平庸的溫暖，這是任何人都搶不走的，想求也求不到，不論你自以為擁有多少。

「姊，先陪我到店裡，媽跟大冠都在那忙，傍晚的時候人最多了！媽有多煮幾道妳愛吃的菜，大概會忙到七點多，然後我們再一起回家吃飯歡迎妳回來！」

大概二十多分鐘車程就到了目的地，停好車後妹妹隨即快速的奔入店內，而我卻抬著頭看著矗立在眼前的便當店招牌久久不能自己。

為什麼呢？是它的矗立給了我一股震懾的感動，一種質樸堅毅的精神襲上了我的心頭。是的，在我嫌棄它、覺得它寒酸卑微的這些年來，它始終堅強的屹立在那兒，雖然看的出歲月的風吹日曬讓它褪了顏色，但是多年來卻能夠無畏無懼的堅守在原地！反觀自己呢？無窮盡的追求高人一等的驕傲心態，現在看起來反而變的渺小可憎。

「姊，快進來啊，怎麼愣在那兒？」

妹妹領著我走進便當店內，那股氣味，踩踏在地板上的感覺，所謂的數十年如一日大概就是這樣吧！然而，一直以來它支撐著一家人的生活，更包括我鄙視的過去。

雖然我一直用窮鄉僻壤來形容這裡，但便當店位於鄉間的市區地段，再加上媽媽、妹妹與妹夫腳踏實地的用心經營，已經在地方上漸漸的打出了口碑，所以到了用餐時間生意算是挺不錯的，再加上這幾年觀光盛行，有不少觀光客也慕名前來這家賣家常菜的老店。

看著他們進進出出的招呼客人，我反而有點像是外地來的觀光客。回想起上次到店裡幫忙好像是國中時期的事，天啊，轉眼間我已經三十多歲了！

走進悶熱狹小的廚房，我看見了媽媽！她又老了一些，但慈祥的面容還是沒變，她低著頭忙著烹調著要上的菜，告一段落後抬起頭才看見了我並馬上給了我一抹微笑，然後說：「回來就好，待會回家後再好好聊一聊！」

媽的那抹微笑，真的溫暖了我荒蕪的心。也許在母親的眼裡，天下無不是的兒女吧！

收菜、打包、清洗，其實開一家店也不是容易的事，我在一旁呆看了一會兒，回神過來後幫忙收碗盤、碟子，然後放到洗碗槽內。大家彼此忙碌著，所以沒有空閒有太多的言語，只是偶爾幾句：「幫我把那個拿過來」、「這個很重要小心喔」、「謝謝」等簡短的話語傳遞著訊息，甚至可以說是因為有著熟稔的默契而不需太多的言語，但彼此卻投射著溫暖的氣流並且感染著。

果真如妹妹所預計的，大夥忙完差不多已經七點多了，媽媽把鐵門拉下來，然後妹夫發動車子載我們回家去。

妹夫握著方向盤駕駛著，有那麼一刻，她透過後照鏡搜尋我的眼神，然後彼此的眼神在鏡中交會，還好，就只是那麼一刻！

「回來就好！」像是說好的一樣，這也是妹夫對我的第一句問候。

妹夫看到此時的我心中是怎麼想的呢？她怎麼看我呢？是同情、憐憫還是訕笑，又或是家的溫暖讓他早就忘了那件陳年往事，因為那只不過是記憶裡的插曲罷了！

我能感受到他們的善意，因為問太多或是說太多都是無比的壓力，沒有過分虛假的關懷，就是用最樸實的心相伴著把生活真誠的過下去！

約略半小時的車程，終於回到山上這個我遲回久違的家。只是，比起看到便當店的那種奇妙感覺，家，更令我驚訝。

從外觀看來，它似乎又更衰老更破舊了，跟我在台北陽明山的那棟豪宅比起來，真的可以用廢墟來形容，斑駁的外牆，鋼筋裸露在外的樑柱，好像隨時會坍塌似的，有點像是快要斷氣的臨終者那般的滄桑！

於是，我又在門外呆呆的佇立了一會兒！極為複雜的心情從心底油然而生。

「郁虹啊，怎麼愣在門口，快進來啊，把菜熱熱就可以吃了！」這回是媽媽呼喚著我！

奇妙的是，當我一進到屋裡，霎時間覺得生氣盎然了起來，像是有一股溫馨的暖流隨著空氣漸漸的愠開，輕輕的、淡淡的，帶著一股清甜的香氣，有如哈密瓜般的香甜氣味。

也許，這就是家的感覺吧。

媽媽趕緊把打包的菜放到鍋子裡加熱，妹妹、妹夫則是幫忙清理餐桌，擺上碗筷，然後把熱好的菜端上桌，添了飯後，我們坐下來一起開動。

在那盞不甚明亮的日光燈下，我們湊在一起坐在從我有記憶開始就用到現在的老舊餐桌前吃了起來，舉目所及，天花板、電鍋、瓦斯爐、椅子，每個東西都跟以前一樣，只是又變老了一些，但這種老、這種舊反而讓我有種安心舒適的感覺，這是台北的豪宅完全沒有的。

妹夫特地從冰箱裡拿出香檳，倒好酒後，高舉酒杯說，來，我們來乾杯！

「為什麼乾杯？」妹妹望著丈夫傻傻的問。

「乾杯就乾杯還需要什麼理由！」妹夫開玩笑輕輕的敲了妹妹的頭說，「啊，當然是慶祝大姊回來啦！」

媽媽也舉起酒杯，「來，反正家人能夠聚在一起就值得乾嘛！」

我們舉起酒杯，互相撞擊後一飲而盡！

是啊，究竟是慶祝什麼呢？是慶祝我的失敗人生，還是慶祝我從自以為成功的人生裡失敗，又或是家根本是不計成敗的永遠敞開，只要相聚就值得慶祝。

也許又是我算計的太多吧！就是這樣吃著、喝著聊著，我就能感受到平凡釀出來的幸福味道！

倒是坐在嬰兒車上的外甥大概覺得受到了冷落，還在牙牙學語的他竟大叫了幾聲，像是在向大家示威不要忽略了他的存在。

「來，爸爸抱！」妹夫趕緊把孩子抱在懷中，果然外甥馬上露出了童稚的純真笑容，然後又傳給妹妹抱，最後再傳到媽媽手裡。我則是在外甥稚嫩的肌膚來回的撫摸著，滑滑嫩嫩的真是舒服！似乎在孩子面前，最心底的那個自己才會變得真實了起來。

看著妹妹、妹夫還有媽媽的臉上溢著有子、有孫萬事足的面容，我覺得有了孩子的家氣氛就是不一樣，就連嚎啕大哭都是一種甜蜜的歡笑。

不由自主的，我又偷瞄了妹妹與妹夫一眼，他們互動裡那種平淡中的琴瑟和鳴，看的我的心中滿是感慨。

妹夫跟我們可以說是小時候的玩伴，而且就住在附近。我從小對他的印象跟妹妹一樣，笨笨、傻傻的，身上總是穿著舊舊的衣服，就是一副寒酸樣，而且功課又差。

國三升高一那年，我考上台北的第一志願準備北上離家前，他向我表達了愛慕之情。只是，當時的我愛慕者多到數不清，又高又帥成績又好的不乏其人，怎麼可能看的上他！

我那時還惡毒的跟妹妹說，那種人也不照照鏡子，不知道自己是賴蛤蟆有幾兩重，不過跟妳倒是滿配的，沒想到那時妹妹對我發了一頓大脾氣，那是我從小到大第一次看妹妹發那麼大的脾氣，現在回想起來，妹妹應該那個時候就已經喜歡他了吧！

如今看著他們眼前享受著樸實的幸福，我的心中卻興起了羨慕之情！

「姊，托妳的福，我們才有機會加菜！雖然飯每天都是要吃的，可是全家到齊一起吃飯感覺就是不一樣！」

然後，妹夫就談到想擴充便當店的經營規模，朝著複合式休閒餐飲店的方向規劃，也就是出租腳踏車並兼賣餐點，將飲食與休閒結合起來，把它定位在運動休閒的健康餐飲店的概念，但是眼前面臨的是資金不足的問題必須解決才行。

而後更談到想在店的附近買一間新的公寓或是透天厝，因為現在這裡在太過老舊，又是土石流警戒區，每到颱風警報發布就必須遷到附近的小學避難，實在是很不方便！

只是，家裡如果因為這樣的改變每個月要還的貸款會變的非常的沉重，於是談著談著媽媽、妹夫都皺起了眉頭！

聽到這，我低下了頭沉思，內心一股明確的聲音告訴我是該下些決定了！難道我還留戀些什麼嗎？

晚餐後，大夥在客廳邊看著電視，邊吃著媽媽切好的當季水果繼續的聊著，大概十點過後，大家就各自回房間休息洗澡。

推開房門打開燈，我的視線將房間從地板到天花板整個的掃過一次，放下行李，走到窗邊打開窗戶，秋夜的微風透過紗窗朝我拂來！

真的，妹妹說的是真的，我原本以為，房裡會堆滿其他的雜物，衣櫃會被灰塵占滿，書桌會被大塊罩布給蓋起來，牆壁上的壁癌會讓油漆整個的脫落到地面。但我眼前看到的是小時後離開時的那個房間，歲月的刻痕雖然讓它變的更老更舊，但回到它的懷中卻是感覺無比溫馨。

原來，世界上還有一個角落仍在等著我，不用追逐，不必汲營，它就在那等著我，不會背叛，就算我曾經背叛它依然不會跟我計較！

就這樣，我坐在床上靜靜的感受這熟悉的觸感，床單的味道，書桌的氣息，還有窗外望出去的一切，想著、看著、感受著。漸漸的，眼淚不由自主的從眼底落了下來，我想是感動夾雜著歉疚吧！

就在此時，從門板傳來敲門的聲音，我趕緊將眼角的淚拭乾，然後打開房門。是媽媽！媽媽手裡拿著蚊帳，臉上還是露出那抹慈祥的微笑，然後走到床邊幫我掛上。

「夏天夜裡還是有蚊子，妳離家的這些年因為怕被灰塵覆蓋，所以把妳的蚊帳收了起來！」

掛好後，我們母女坐在床邊，媽的視線又把房間掃過一遍。

「媽，這些年很辛苦吧？」我開口問。

「還說我，妳呢，離開那麼多年了，不過回來就好！」

「媽，對不起啦，真的是我不懂事！」

「是啊，妳還真的是不懂事！」

「媽！」我倒到媽媽懷裡，一時間，情緒整個釋放了出來，媽拍著我，就像小時後一樣，也許記憶有些模糊，但感覺卻越漸強烈且清晰了起來！

「回來就好！難過的事、傷心的事都會被時間慢慢的沖淡的，在家裡好好的休息，不要想太多了！」

「媽，禮拜一店裡休息，可以帶我到兩個爸爸的墓地去嗎？我想去上個香，跟他們說說話！」

此時，我們母女靠在一起，不知道有多少年，我們都不曾如此靠近。而在過盡千帆後我才漸漸的了解，媽媽真的是個苦命人，但卻始終有著堅強的生命毅力！

其實，我的親生爸爸在我出生的那年就過世了，所以自然的在記憶裡沒有任何的印象。直到後來懂事後才知道，家裡面的爸爸並不是我的親生父親，而是妹妹的，也就是說媽媽在我的親生父親過世後沒多久就改嫁並生下了妹妹！

可能是從小從街頭巷尾聽了太多閒言閒語，把媽媽跟繼父說的很難聽，而且說法很多種，讓我覺得丟臉抬不起頭來，於是，我開始對這個家反叛，恨這個既骯髒又破舊的家。

雖然那時我只是國中二年級的孩子，但我一直對自己說，憑我的智慧、憑我的美貌，長大以後的我，一定要離開這個紊亂、破敗與腐朽的家，我要住在豪宅裡，有個有地位的工作，過著人上人的光明人生。

隔天一早醒來的時候已經是快要中午了，連我自己也覺得神奇，這麼久以來第一次沒有藉著安眠藥入眠，而且還能夠睡到自然醒。走出房間在家裡繞了一圈，整個房子空蕩蕩的，他們一定是一大早就開始了一天打拼的生活。

他們貼心的幫我把早餐蓋在餐桌上，稀飯、肉絲炒冬粉、幾道簡單的家常菜，而且粥也已經涼了，但我還是能夠感覺出溫馨的餘慍。

於是我邊吃著早午餐，一邊感受著破舊房子裡的靜謐感覺，才不過一個晚上，就印證了醫生說的，要療癒憂鬱症還是必須從根本的源頭去解決，把糾纏於心的結解開才能復原。

說來實在諷刺，住在千萬豪宅裡終夜輾轉難眠，卻在破舊的老家裡一覺到天明。

說起位在台北陽明山的那棟豪宅，曾經是我夢寐以求的驕傲，它代表著在我身上顯現出來成功的圖騰，褪去極欲擺脫的寒酸的印記，說的白一點就是一個能夠炫耀的工具！

但是現在想想，我的婚姻、我的房子，全都是虛榮的一場遊戲一場夢罷了！

就讀台北最優秀的高中，那三年我完全沒有鬆懈的戰戰兢兢，因為在台北才知道什麼是強中自有強中手、一山還有一山高，也許在落後的老家我是獨一無二的優秀，但那只是井底之蛙的優越感罷了，我要超越的人何其的多！

於是就在這股趨力的鞭策下，我又奇蹟似的考取了台灣的最高學府！

記得當時我只是淡淡的打了電話回家通知這個消息，連家都沒有回，就急著在台北兼家教與國會議員助理的兩份兼差工作。說真的，那時我真的不屑回去，我要向上爬，沒有時間浪費跟老家有關的事情上面！

而且上了大學後我看到更多的現實，於是更加確定這件殘酷的事，那就是無論我再怎麼努力，還是不可能攀上真正的上流社會，可以出國留學喝洋墨水、拿綠卡或雙重國籍好來炫燿！

因為留個學至少要花上百來萬的新台幣，就算是把老家那個廢墟賣掉也不可能，一個窮鄉僻壤的孩子，沒有顯赫的家世根本就不可能，這是再怎麼努力都做不到的事。於是我覺悟到必須退而求其次，雖然沒辦法留學，但至少要達到「準」上流的水準，要住在一間屬於我自己的豪宅裡，享受著旁人羨慕的眼光。

於是每當我軟弱下來的時候，就會想著家鄉那老舊破敗的房子、寒酸的便當店來督促著我不能有所鬆懈。

與前夫認識是在我們系上所舉辦的學術研討裡，正好當時我的座位隔壁有一個空位，於是他就做了下來。研討會進行過程中他一直很用功的做筆記，看起來非常認真的樣子。

中場休息的時候，他主動的問我研討會上他不了解的部分，而我也盡我所知的回答他，就這樣聊了起來！

「你不是我們系上的啊？難怪沒看過你！」

「我是醫學系的！」

聽到「醫學系」這三個字，我的眼睛馬上為之一亮！

「醫學系？怎麼會？怎麼會來聽我們企管系的論文研討會呢？」

「啊，這說來話長啦！總之，我要比別人更努力！」

就這樣，他約我研討會後一起喝杯茶聊聊，我當然也沒有理由拒絕。

我們邊喝著飲料邊聊著，他又重複了那句話，似乎那是他的動力來源。

「我一定要比別人更努力，不只醫科本身技術性的本質學能要精通，就連醫病關係、醫療組織管理，甚至是理則學我都必須多方涉略，我不可能花大筆的錢到國外深造，所以雖然我們是在台灣的最高學府，但我一定要比別人努力才能成為一個頂尖的佼佼者！」

聽完後在我內心底激起了一股震撼，從他口中一字一句說出來的話，竟然已經是我心中多年的OS。

接下來更讓我們彼此都訝異的是：「不會吧！你說你住在……」竟然我們是同鄉，都是來自東海岸偏僻鄉下的孩子，難怪第一眼見到他就覺得有磁場相吸的感覺，有股不能用言語描述的似同共感。於是我們越聊越起勁，所謂相見恨晚大概就是這種感覺吧！

「下禮拜中秋節連續假期，你不回去嗎？」我問他。

他很堅定的搖頭說：「不要，又不是有什麼特別的事，回家一趟要花那麼多時間，回去了又不知道要幹嘛，說真的，我實在還蠻討厭回去的！」

原來在回家這件事情上，我們的看法又是那麼的一致，他毫無遮掩的說出了我內心真正的感覺！

「我一定要努力賺錢，然後買一間像陽明山上的那種豪宅！我受夠了我老家那種又破又舊的爛房子，總覺得住再裡面就有一種腐朽的感覺，住在裡面就覺得人生是黑暗的！」

他說的每句話像是從我的心底講出來似的！

那一刻，我覺得我們真的是契合的一對！

然後，他就對我展開了熱烈的追求。只是，人性永遠是不會滿足的，我們雖然契合，但他卻不是我想要的A咖人生的最好選擇，他雖然全身上下充滿了上進心，但那股東海岸的窮酸土味卻和我是一模一樣的，我們的印記太相似了，我很貪心想要更好的。

當然，我不至於笨到完全拒絕他的追求，我很清楚，以我的美貌，只要不要擺出拒人於千里之外的態度，幾乎所有男人都會上鈎！同時間裡追求我的不乏小開、少東的那種大戶人家，只是當自己的背景一一洩底的時候就代表著已經玩完了，幾次的經驗後我也已經漸漸的覺悟到，我沒有那種sense，那道門檻是不可能跨過去的。

於是，繞了一圈後，我們確信彼此的關係，更有趣的是，我們還彼此坦承這段心境，原來他也同時追求了幾個富家千金，只是最後都是無疾而終。

我想最後我們會再湊在一起大概就是上天的意思吧！

於是我們建立了一個共通的目標—就是要在台北買一棟豪宅。

我們努力的打拼了幾年後，這個目標已經不是遙不可及，他成為最夯的整形科醫師，而我也以企管碩士的學歷來協助他開診與經營。

由於剛開業時只是名不見經傳的醫生，所以我們四處打廣告，並幫想出名的二、三線明星整形，後來有幾個紅了，於是漸漸的打開了知名度。慢慢的，診所的生意好了起來，收入也直線上升，於是，豪宅的夢想已經近在眼前了。

於是我們一起去看陽明山的豪宅，真的每間都美的像皇宮，好像作夢一樣。

沒錯，這就是我要的。房子就像一個港口，而多年來，我一直想要在一個華麗美緻的港口靠岸，所以在那一刻，我真的覺得我的人生是榮耀的。

但也許我的愛是充滿目的的，是自從有了豪宅開始，我才開始真正的開始愛上他吧！

但是，豪宅卻是我們對生活價值觀的分水嶺，我雖然愛慕虛榮、崇尚名牌，甚至可以說是利慾薰心，但畢竟是個女人，我要的還是一個家的歸屬，一份可以拿來炫耀的安全感，但一直以來我希冀的價值卻在擁有人人羨慕的豪宅生活後開始變了調，他認為豪宅是向上攀高的最好起點，而我呢？想停了！

這份本質上的觀念差異讓我們逐步的起了摩擦、有了爭吵，只是，多半讓步的是我！

但不可否認的，在擁有豪宅後，先生的整形事業蒸蒸日上，而且口碑越傳越好。於是不看診的時候，應酬的邀約沒有停過，而他更是喜歡把這些人請到家中：像是明星、明模、企業家的夫人、政客的家族成員、電視主播、名嘴、補教名師、醫院院長、藥商、保養品公司的公關，甚至是算命的、看相的，進進出出的人越來越複雜也越來越奇怪，但也因此先生數度的上了電視專訪與雜誌專題，漸漸的變成了名人，於是關於我們，還有豪宅裡的一切都難以遮掩的攤在陽光下成為大眾消費的對象！

事情演變至此，已經不是我能控制，先生一天比一天有名，但我們的關係卻一天比一天疏遠，我的不安與日俱增，於是爭吵的情形天天上演。

「同為女人，我能感受的到她的企圖。」

「老婆，妳一向很有信心的啊，最近是怎麼了？怎麼吃這種飛醋呢？」

「這不是飛醋，是身為女人的直覺，她竟然還透過媒體向我示威，我受夠了！」

「妳也知道她是二線的名模，想利用我炒新聞而已嘛！我跟她真的沒什麼，只是我的客人其中之一而已，是我們向上爬的墊腳石，這種新聞炒作對診所的生意只有好處啊！」

「你還是只在乎怎麼往上攀高，難道就不能考慮我的感受嗎？」

「成為大家羨慕的上流人物不是我們一直想的嗎，我們會在一起，不就是一起為著這個目標努力嗎？老婆妳以前不是這樣的，既有自信、有企圖心又美麗，怎麼現在會為了一個容貌上有瑕疵必須讓我整形的人無理取鬧呢？」

「我受夠了這些人，我受夠了爭奇鬥艷、我受夠了一直比較、這些人、這些報導，我受夠了，心理好不安啊。」

我越說越激動。

「我們搬來這裡後，這麼大的房子，這麼豪華氣派的裝潢，我們有一起享受過嗎？一些人不相干的像走馬燈的來來去去，我們自己的生活到底在那裡？」

「他們怎麼會不相干，沒有他們我們怎麼向上攀？」

「老公，我們停了好不好？這樣生活真的好痛苦！」

「難道妳要像老家的那些人一樣，過那種沒出息的失敗人生嗎？」

是啊，從老公嘴裡很諷刺的說出這句話！

這是我多年來奉行的人生價值，如今我想退場，但卻困窘的不知道自己該站在什麼立場、該說什麼話來反駁？

於是，我的憂鬱症病情加劇，失眠、心悸、沒胃口、想死，這些症狀在偌大豪華的宅子裡折磨著我，但我又能向誰說呢？漸漸的，我的歇斯底里應該是把老公推離自己的主要因素，我們在富麗豪華的豪宅裡過著同床異夢的生活，房子像是一張鮮豔的包裝紙脆弱的裹住偽裝贏弱的虛假！

但紙終是包不住火的，眼尖噬血的媒體聞到這股異常的味道，於是我的病情、我跟老公的關係、老公跟名模間的關係，就像剝洋蔥般的一片片落下，越剝越讓人想流淚。每天豪宅外面佈滿著狗仔，我像是活在監獄裡一樣，痛苦無比！

還好，這種痛苦終於到了盡頭，就跟一般的八卦情節差不多，一天晚上我接到了狗仔的電話說拍到先生跟名模的私密照，問我要怎麼回應，問我相不相信老公，那時我心底清楚的一個念頭閃過：結束了，is over，是該有個了斷了！

還好老公也在媒體面前承認了，於是我們很快的簽字離婚，房子歸我，而且每個月還必需付我一筆為數不小的贍養費！

下午氣象局發布了颱風警報，位在土石流警戒區的我們全部被撤到鄰近的國小避難。一堆人擠在禮堂裡，媽媽與妹妹大概經驗豐富，早就有所準備，迅速的帶著保命箱子，棉被、生活用品一應俱全，媽媽在關店前還打包了一些剩下來的菜！

入夜後外頭果然風雨交加，只是說來奇怪，因為大家聚在一起，反而有種中秋節野餐的感覺，全村的人聚在一起，雖然無奈，但卻也苦中作樂，展現出堅強的生命韌性！

妹妹幫全家人煮著泡麵，打上幾顆蛋，便當盒裝著傍晚從店裡打包的便當菜，當麵起鍋後，再分裝到小碗裡，全家人就這樣吃著泡麵晚餐，吃著吃著，妹夫又聊起了開店與買新家的事。

「媽，這幾天我有跟仲介去看了幾間房子，有一間在市區的幹道邊，但又不會很吵，包妳們一定會喜歡的。」妹夫說。

「可是那應該要花很多錢吧？」

「是啦，可是我想跟銀行去貸款一些錢應該沒問題的！」

「借錢，這樣會不會太冒險了，萬一複合式的店生意不如預期，那又要每個月還銀行錢，這樣壓力會很大！」

「可是媽，我覺得現在是好機會，如果錯過了，那很可惜耶！颱風離開後我們一起去看看啦！」

就這樣七嘴八舌的聊著，風雨交加的夜，在國小的禮堂裡，簡陋的打著地舖，吃著泡麵，但心中卻是無比的溫暖。

颱風過後，非常慶幸的老房子又逃過一劫沒有被土石流侵襲到，安全的度過此次的危機。回家後我站在房間的窗邊不時內外的望著，突然間心底有股奇特的感覺湧上心頭！

我好怕與它分離，真的好怕好怕！

隔天妹夫帶我們去看他說的那間透天厝，外觀看起來乾乾淨淨挺素雅的，屋內的牆壁、天花板都有全新粉刷過，前面還有個廣場，雖然屋齡已經十多年了，但看起來跟新的沒有兩樣。

「真的很不錯，如果搬來這，颱風豪雨的時候就不用躲土石流了！」

「而且空間大了好多，姊，我們每個人的房間都大了一倍多。」

「挑高也高了很多！廚房、餐廳都很講究，有豪華的感覺。」

我看的出他們那股滿意肯定的眼神，但是說著說著又為了錢的問題擔憂了起來，這又讓我想起台北的豪宅，雖然比這棟豪華了太多，但卻是何等的不踏實。

是應該徹徹底底的跟虛榮的過去一刀兩斷才對啊，於是我終於下了決定！

坐最快的火車到達台北，再次的回到那間人人稱羨的豪宅，進到空蕩蕩的屋裡，仔細端詳著房裡的一景一物，大口的吸了一口屬於這裡的空氣，此時的腦海裡浮現著一點一滴的過眼雲煙，以及在這裡曾經擁有的歲月，再對照返回老家這段日子所過的生活，心底那股聲音也已經漸漸清晰。

快快的辦完賣屋的手續，簡單的打包了一些私人物品後，找了快遞公司將它們運回老家。

走出庭院關上大門前，我還是忍不住回眸一望的向它做了最後的告別，此刻的我堅定相信必須告別才能重新開始！

我們立刻的買下那間大家都滿意的透天厝，由於空間變大了，所以生活起來也更有品質了，再加上新購了一些傢俱與生活物品，因此真的有煥然一新的感覺。

但是說來也奇怪，有了新家後我卻常常往老家跑，其實該搬的都搬了，其餘沒搬走的都是舊到不能再舊的東西，但我卻喜歡一個人回到這個空無一人的老家，也沒做什麼，就只是坐在裡面，感受著、冥想著，然後回到房間裡躺在舊舊的床上發呆，有好幾次躺著發呆著就這麼睡著了！

難以言喻的、反常的，我好愛這個又破又舊的房間，舊的床、舊的書桌反而給了我安心溫暖的感覺，我想歲月累積出來的氛圍是金錢買來的華麗所無法企及的，而且能夠深深的惦記在心中。

時序很快的又進入了秋天，這是我一年四季中最愛的季節，涼涼的，只是有些蕭瑟的感覺，有種夕陽無限好，只是近黃昏的落寞。

怎麼也沒想到，都十一月了，竟然還有颱風警報，而且氣象局還不斷的叮嚀秋颱的可怕，千萬不能掉以輕心。

果然，颱風還沒登陸前就已經風雨交加，老家那又再次因土石流警戒而必須全村撤離，不同的是，這次我們不必再大包小包的到國小的禮堂去避難，而是舒舒服服的待在新家裡看著電視，享受著颱風夜裡全家相聚的溫馨時光。

隨著颱風步步進逼，強風豪雨伴隨東北季風的共伴效應使得電視新聞裡不斷傳來各地的災情。

「天啊，新聞說我們老家後頭的那座山整個垮了下來，就是所謂的走山啦！」妹夫驚訝著的盯著新聞說著。

而媽媽、妹妹還有我聽了後全都走到客廳圍著電視看。

「什麼?走山?」妹妹問。

「對啊!就是小林村那種土石流啊！」妹夫答。

「人應該都撤出來了吧？」媽媽問。

「應該有啦，我們搬家前每次里長都會來要我們撤到國小去，只是房子可能都被埋起來了！」妹夫答。

媽媽擔心起鄰居的安危於是趕緊打電話詢問，結果還好人都平安無事，只是家園毀了他們的心情都很低落，於是媽媽在電話裡安慰鄰居們。

掛完電話後媽媽朝向窗外雙手合十的像是在祈禱似的。

「媽，鄰居們他們都還好吧！」妹妹問。

「人都沒事，只是想到從小住到大的家不見了，他們還是很難過，隔壁那個麗花聽她哭的好傷心啊！」媽媽搖搖頭說。

「那是一定的，家都沒了！」妹夫說。

「所以我只能安慰他們家人都平安就好了！」媽媽嘆了一口氣後露出了欣慰的神情，「想想看，我們真的該感恩惜福才對啊！」說完後媽媽又雙手合十的祈禱了起來！

「真的沒錯，而且我們要謝謝姊姊，不然不可能這麼順利的搬來這邊！」妹妹說。

媽媽、妹夫都點點頭表示贊同，此時的我眼神來回的與六雙眼眸來回的交錯相銜。只是，看著看著一直壓抑在心底的情緒終於迸發開來，我再也忍不住的抱著他們嚎啕大哭了起來！

（此短篇小說完結）

# 搞懂自己為什麼想買一間房子呢？

# 1-1 為什麼想買一間是登記自己名子的房子呢？

## (1) 有土斯有財的根深蒂固觀念

人類文明的演進就是一部想要擁有房子的歷史—人類早期逐水草而居，然後演進到游牧、畜牧然後農業，當進步到農業階段就代表著「安定」的生活方式嚴然成形，於是有土斯有財的觀念就逐漸的植入人心，擁有土地等於擁有財富，就算二十世紀後工業化都市化後這樣的價值觀依舊存於一般人心中。

## (2) 「根」與「安全感」

有一間房子象徵著「根」的感覺，房子讓「根」有了具體呈現的樣貌，在自己的根有著完全屬於自己的空間，不容任何人侵犯。

而將「根」的感覺延伸解釋就是所謂的「安全感」！

常聽到女人對男人說：「我需要安全感」或是「我好沒有安全感」這類的話，男人聽了時常一頭霧水的反問：「妳的安全感指的到底是什麼？」

因為安全感很難具像化，甚至要具體的說出安全感是什麼太俗氣了，甚至也許說的人自己也不知道是什麼，但我這邊有個絕對的選項——「房子的擁有」一定是具體的「安全感」象徵。

## (3)「有」的人性基本慾求

求「有」是人性裡的最基本需要，也許你會覺得說的太哲學但其實很好懂！問每個人，就只能二選一，「有」與「無」你要選哪一樣，我想選無的人大概跟中樂透的人一樣多吧！因為人都害怕「無」，都覺得「有」的太少，因此追逐擁有就是一個執欲的過程。我大致整理想「要」有房子的心理因素：

＊想要多一點安全感

＊想要有專屬自己的空間

＊想要安定下來

＊不想再幫房東繳房屋貸款

＊不想再大費周章的不停搬家

＊不想再不斷的認識新鄰居攀關係

＊是下班後會想要回去的地方
＊是自己的成就感
＊是一輩子的心血結晶
＊是我落地生根的地方
＊是讓父母安心的保證
＊是讓孩子快樂成長的城堡

執欲並非不好，因為這可以說是求生的本能，沒有執欲就不會有靈魂，只像是行屍走肉的稻草人。

因此想要「有」一間屬於自己的房子是再自然不過的！

### (4) 成就感

剛剛談的是看的見的「有」，而看不見的擁有就是所謂的「成就感」！成就感也很難具象，但它是支撐你實現夢想的動力。舉個例子，如果問我們為什麼看書？我想比較不違背良心的答案就是要準備考試，要考上理想的學校，要考上公職，要當醫生，要當律師，所以才會努力的K書。

所以一定要有考試這個關卡讓你衝破它才會去讀書，也才有成就感。於是我們可以很現實的看到，當不再有考試擋在前面時，你有多久沒看書了？有多久沒看財經、電腦、旅遊、美容這類工具性以外的書了？

因為沒有了考試、不用交報告，沒有學分壓力下，讀書就失去了成就感，而所謂的讀書是為了充實知識、增進心靈成長的初衷似乎也就顯的有些遙遠了。

再舉一列，女性朋友一定有經驗為了參加宴會盛裝打扮，選衣服、上裝、吹頭髮，足足弄了兩個小時也不為奇，但是只要別人一句：「哇，你今天好漂亮啊」、「嗯，這樣打扮很優雅」諸如此類的話，就能獲得無窮的成就感，這種成就感完全是非具象的，卻也能讓人心花怒放，並成為更愛漂亮的動力來源。

而擁「有」一間房子是最具體的成就感，也是對自己人生奮鬥的肯定，當別人一句：「買這麼大的房子，真是不簡單啊！」「真厲害，買房子啦！」等話語，這正是踏實的成就感。而房子它非常的具體，看的見、摸的到，所以這種成就感是最實際不過的！

# 1-2 替自己做個心理測驗，看看自己適不適合把「買房子」當作一生中一定要達成的人生目標？

測測看你對「有」的慾求比重占多少　「心靈」與「物質」在你心中的重量？

(1)便利商店的集點活動，我會因為大家都在蒐集而毫不考慮的加入。

(2)我會為了達到便利商店的集點消費門檻而買一些暫時用不到的東西。

(3)如果很多人都持有相同的產品，我就會對該產品感到有興趣。

(4)手頭有二百五十萬的預算買車，我會毫不考慮的選擇雙B的進口車，一定把Toyota排除在外。

(5)一般的日常生活用品，只要有點舊我就會馬上去買新的，絕對不可能用到壞了才去買。

(6)我很在意自己所代表社會經濟地位，並會因此選擇符合等級的產品。

(7)購買價格昂貴的東西會讓我很有成就感。

(8)買二十本書與買一隻i-Phone，我會毫不考慮的選擇i-phone。
(9)原本很想去看一部電影，我會因為別人說不好看而打消念頭。
(10)去夜市吃東西會選擇大排長龍的攤子，因為我覺得會排隊的攤子一定比較好吃。
(11)我會很想嘗試最新上市的產品。

以上這十一題，如果你勾選了六項以上，那麼代表你對「物質」的追求是高於精神層次的，也許您會說這種心理測驗準嗎？不過是好玩罷了！

沒錯，心理測驗以趣味的層次居多，但問問自己，我說的對不對呢？

我必須強調，對物質的追求高於精神並沒有任何的對錯在裡面，也不是說誰比較好，誰比較高尚而誰又比較膚淺，而是不要欺騙自己，你就是你，一定要聽自己心裡最底層的聲音。

我的解讀是，選了六個以上的人代表你比較在乎實體物的擁有，對別人的價值也比較在乎，也就是說追逐看的到、摸的到的物質能夠讓你得到滿足，而別人的眼光也會左右你對事情的判斷！

因此，房子的擁有是實體物的最高門檻，因此絕對適合你花一生的時間去追求！

# 1-3 摸著你的良心回答，究竟你的人生目標是什麼？

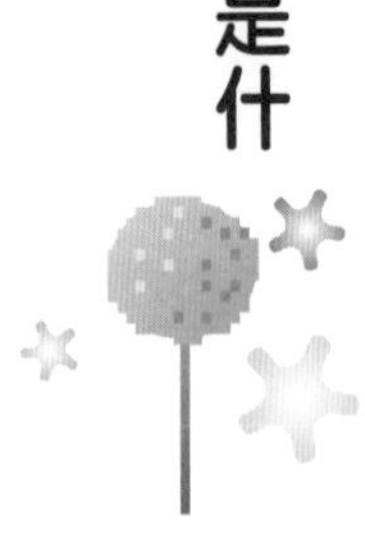

你的人生目標是什麼？這是個大哉問，因為問題很大卻很難回答，尤其是，我們會被現實的磨難弄得早就忘記自己原本想做什麼，或是覺得機會已經錯過了，這輩子已經不可能達到了，當然也可能很多人真的沒有人生目標，隨波逐流的走到今天，但不管如何，問問自己原本的目標是什麼，想達到什麼？

追溯起小的時候，「我的志願」這個作文題目你寫了些什麼？記得當時年紀小，不外乎是當總統、科學家、醫生……因為那時懵懵懂懂，大概是看到什麼然後自我想像的就把它當成我的志願了。但隨著年齡漸長，人格漸漸的成熟後，到了國中時期再問你的志願是什麼？如果你毫不思索的回答：當然是考上好的高中！

而上了高中後再問同樣的問題，你一樣不加思索的回答：考上台大！

填志願時輪到你反問什麼科系是最有前途，然後就把那個科系當第一志願。

接著人生的劇幕繼續拉開，結束學生生涯進入社會，再問你的人生目標是什麼？你的回答仍然毫不猶豫的是：升官發財、開名車、結婚、買房子、生兒子的話，那就代表你對人生的目標沒有太多奇奇怪怪的「出軌」想法，非常迎合「正常」的社會價值。

如果你是這種人，那恭喜你，你的個性絕對適合把買房子當做一生中非得達成的目標不可。因為人生總是要有目標橫在前面才有生活的動力，否則就會感覺空虛，那麼買房子絕對是不知道下一個目標是什麼的最佳目標，而且門檻高戰線又長，有了這個目標，包你可以生活的充實踏實。

而且這樣的人生設定非常「安全」，也符合多數人的期待，如果你也能樂在其中得到滿滿的成就感的話，那就努力去做吧！這樣命運絕對不會虧待你的！

但是談到這裡你一定起了疑惑？那另一種是什麼人？什麼人的人生觀可以不把房子當做人生奮鬥的目標？

剛剛我用了「出軌」、「安全」、「正常」這幾個反差的詞來做對比，我的用意在於你必須誠實的審視自己的內心，對於目前所追求的目標是不是真的自己所想要的，還是為了迎合別人的希冀，其實心底早就有「出軌」的念頭了，只是這個念頭一直壓抑著，因為只要壓抑的好，就能夠一步步的邁向所謂成功的人生，贏得一般人的掌聲，但是那個心底的聲音你仍舊聽的到，而且你不確定能夠掩飾多久。

美國知名作家julia cameron在她的一本探討心靈療癒的著作中對此有精闢見解，她稱這種壓抑叫做「美德陷阱」。也就是說人們必須設法要當個社會上認可的「成功者」，要無私忘我，要食人間煙火，要為了滿足他人的需要而掩飾了自身的需求。這像是剩下完整自我的虛殼，如同馬戲團裡表演的動物一樣，照規矩做完把戲而贏得掌聲，但耳朵裡卻對掌聲沒什麼反應，甚至感到空虛無奈！

困在美德陷阱裡的人無法讓自己贊同真我，不敢向外界表明真我，唯恐這麼做會惹得外界非議不斷！

所以對前者來說，功名利祿就是會讓他們覺得有安全感，但現在討論的是，功名利祿的趨同化追求反而會讓你有空虛感的話，那就代表你困在美德陷阱裡與自己痛苦的在掙扎拔河！

舉例來說你可能是還想去學畫畫、學攝影、玩音樂、想去做宗教體驗、想去南極旅行等等的，心底認同的成功價值並不是王永慶郭台銘，只是在別人的眼光下不得不以他們的價值當做人生目標罷了！

問問自己的內心深處究竟有沒有這個部分，這是個必須抽離表象的自己來剖白深層自我的過程，如果你發現有，而且確認自己是陷在「美德陷阱」中，那麼你就要慎重的考慮看看，自己是不是該花一輩子的時間精力去追求房子這個代價高又實體的東西，因為被房子的壓力綁著你反而會不快樂的生活而導致成天抱怨懊悔。

其實人生要活的快樂就是一個「空虛」與「踏實」的選擇，有的人是被迫追求「空虛」來得到「踏實」，有的人則在看似「踏實」裡覺得「虛無」，因此什麼是你內心深處所真正感知的踏實與空虛，該如何選擇就必須誠實的問自己了。

# 1-4 看清眼前的現實，千萬不要過分膨脹的「透支未來」

這個部分非常的重要，而且是非常現實的，因為如果理智透徹的分析，其實需要為房事擔心的人其實並沒有那麼多，為什麼呢？

先前有提到，有一類的人是生下來父母就有留房子給你的人，除非是想投資房地產獲利，否則當然沒有購屋的煩惱。另一類人就比較辛苦的是在天秤的另一端，也就是以現在的收入支出情形來衡量，除非意外的偏財運降臨，像是中樂透等之類的事發生，否則這輩子根本不可能買房子。

如果您是屬於這類的人，其實並不需要難過，因為遙不可及所以根本就不需要煩惱買房子的事，至於買不起房子真的是人生中的遺憾嗎？其實也未必，人生的「得」與「失」時常是相倚並立的，也許正因為買不起房子而讓您在另一個人生軌道裡開啟另一個可能也說不定，下個章節就會跟廣大的無殼蝸牛族談談買不起房子應具備的哲學觀。

好，那麼剩下來真的要為購屋的事操煩的就是處於社會的「中間階級」。為什麼我用

「中間階級」而不用「中產階級」呢？因為綜合多項經濟報告看來，在經歷了幾次金融風暴的財富重分配後，過去所謂的「白領中產階級」似乎漸漸的在消失中，也就是日漸的走向比較極端的M型社會。

但由於這個情形是漸進發生的，因此資產上的中間階級還是存在著，只是這類的人處於上不上下不下的尷尬處境，有份尚可的工作，收入也還算中等，買房子並非遙不可及，但一旦下決心的話就得犧牲很多生活品質的開銷來達成這個夢想，因此在下這個決定時會十分的掙扎。

於是我提出一個很簡單的自我衡量守則，那就是檢視自己的收支情形，如果購屋後房貸會占你的月支出超過三分之一以上，且短期內收入情形難以有所改變的話，那真的建議您慎重考慮。

因為揹起房貸後你人生的「彈性」會變的非常小，抗拒變數的能力極劇縮減，整體生活品質也會因而下降，很多想做的事、想花的時間、想花的錢、想享受的東西都必須捨棄，一切的負債都為了一個沉重的「未來資產」。

然而更多的經濟學家也不斷提出警告，房地產似乎不像過去那樣保證在未來一定會是資產，風險其實也越來越高，因此，不可不慎重考慮，更千萬不可人云亦云的好像別人都有了自己就非得有的心態，如此很可能導致做出錯誤的判斷，讓人生沒有因為「有」了房子而快樂充實，這樣是會得不償失的。

# 1-5 獻給無殼蝸牛族

## (1) 買不起房子絕對不是人生的不幸，除非你一直這樣想

剛才提到東方人被「有土斯有財」的觀念影響甚深，尤其老一輩的人很難接受沒有房子的人生。對男人來說，所謂的「三十而立」、「成家立業」的定義似乎也是無形的意味著必須有自己的房子才代表了「立」，但是這些外在加諸的價值觀一定對嗎？如果達不到又該如何自處呢？

什麼是失敗的人生呢？絕對不是沒有房子！而是生活失去了目標，雖然這是老掉牙的哲學，但真的很受用，因為「擁有」絕對不等於「踏實」，更不等同於幸福。反過來說，也許擁有房子有著太高的門檻，但只要我們的人生裡一直有著想實踐的踏實目標，不是渾渾噩噩的渡日，那就是成功的人生，雖然買不起房子，但人生反而擁有更大的彈性度，何嘗不是另一種幸福呢？

## (2) 是「租」的又怎樣？

知名作家吳淡如在作品「租來的人生」裡有段話非常發人深省，「活了這麼幾十年，這一刻我忽然有一種感覺，好像我努力得來的一切，不過是一紙租賃契約，一切都是租來的。到了某個年限，就要繳清借款，還回去。」

另外還有一段提到，有人做過統計，受囿於戰亂以及人類壽命之有限，歷史上的土地擁有者，平均擁有「自己的土地」的年歲，並不會超過三十年。這與俗話說的「富不過三代」，冥冥中 相應合。

是啊！不只是房子，其實人生數十寒暑，我們以為「擁有」而緊緊握在手心的東西，最後還是得還回去的。「擁有」只不過是自我的心理感覺而已，更何況，只要買不起房子不是因為自己的揮霍、浪費、不努力，那又有什麼好覺得遺憾呢？

說的坦白些，房子不就是遮風避雨的地方嗎？那麼是「買」的還是「租」的又怎麼樣呢？我想反而是房子裡頭的「家」才是更重要的！

其實，買不起房子開啟了另一個可能，因為擁有的越多反而越擔心失去，終日惶恐不安，而擁有的少反而不擔心失去而能踏實的規劃豐盈的未來，而且是真真切切的替自己著想，不是為了迎合他人的集體價值而勉強做的。

想想看，放棄買房子的這個目標，你可以多好幾個更踏實的目標，電影「真愛旅程」裡有一段我覺得很令人醒思的對白：「想要一棟房子就得要做你不想做的工作。」

因此，捨棄了這個太難達到的目標，反而能夠更彈性、更巨觀的思索我們的人生，可以在工作賺錢之外去規劃學習、旅遊、讀書、宗教體驗等，把金錢與時間空出來讓自己喘息、思考，也許反而能活的更有價值。

您覺得呢？

# PART 2

# 夫妻篇

# 前　言

談完房子，接下來要跟大家聊的是五子登科裡的「夫妻」。

談夫妻似乎比談愛情要嚴肅的多，因為愛情裡多的是熾熱的浪漫，但進入婚姻裡的夫妻多的是責任與相處中磨合的ＥＱ智慧。

一對男女能經過相識、相戀到結成夫妻，這其實是諸多因緣、條件的聚合才有可能發生的奇蹟，當要感恩惜福。

當然，如果兩人因緣俱足的能夠白頭到老，那真是再好不過的美事，但如果因為任何的變化而造成離散，雖會覺得遺憾，但卻是人生中必須學會全然接受的課題。

只是不管如何，我覺得婚姻這件事是需要「用心」但卻不能「勉強」的哲學。不論現在的你是在牆內還是牆外，或是好不容易才從牆內掙脫出來，只要用過心有所體悟，任何的狀態都是值得的！

接下來邀請您來閱讀「五子登科又怎樣—夫妻篇」的短篇小說「琳恩」。

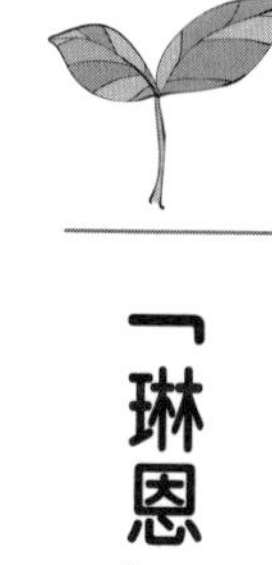

# 「琳恩」

什麼是夫妻，夫妻代表著什麼意義，過去的我好像從來沒有想過，但如今看著爸爸媽媽到了六十多歲還能這麼鶼鰈情深，我才總算有了深刻的體悟。

這兩年來，爸爸真的變的很不一樣，去參加烹飪班、學花卉植栽、學電腦上網，我覺得爸爸到了六十多歲才真正的重新的又活過了一次。

怎麼也沒想到他這麼會煮菜，各國料理、家常菜、便當菜，爸爸還會不斷的開發新菜色，而且不只主菜，就連開味涼菜、煎餅、湯品、飯後甜點都能做的精緻！

更有趣的是，記得小時候都是媽媽煮了一桌菜等我們，然後叫我們吃飯，而現在則是爸爸煮好叫媽媽，問媽媽味道怎麼樣，然後飯後切好當季水果給媽媽吃，時常，我看在眼裡不禁熱淚盈眶，這是一種打從心底的感動！所謂的「少來夫妻老來伴」就是這幅情景。只是想想現在的我，也許到了老年只能孤單一個人吧。

只是這個只羨鴛鴦不羨仙的情景竟在殘酷的宣判下就要快快的結束了！記得那天醫生宣佈母親罹患癌症，媽媽的表情是出奇的鎮定，但爸爸的眼裡那種無助、悔恨與不安我全都看在眼裡。

當晚，把母親哄睡了後我們父子倆去喝了幾杯，喝著喝著爸竟在我面前哭了起來，活到四十多歲的我第一次看見父親嚎啕大哭的樣子，我想大概只有酒精才有這種神奇的療效吧！

「你媽媽的命好苦啊，都是我，我該怎麼辦啊？沒有你媽媽我不知道活著幹嘛，我做飯、打掃，把家弄的乾乾淨淨的要幹嘛呢？

「你媽媽要是走了，我應該很快就會下地獄吧！上天真是不公平，你媽媽一定要上天堂，上天真的是捉弄人啊！嗚……」

有兩個月沒見到女兒了，說來奇怪，竟然還有些緊張。

約在捷運站，我說好要帶她去吃一個人八百多塊的歐式自助餐。

沒想到日子會過的這麼快，女兒明年就要升高三了，遠遠看到她從驗票閘門那裡走來並對我揮了揮手！她百分之九十是遺傳媽媽，現在已經是一附亭亭玉立的姿態，在光線的襯托下讓她粉桃般的雙頰更顯耀人，嘴唇因為塗上了護唇膏而更顯光澤，我想以後一定是個大美女，可以參加世界小姐的選美了！

也許我的心裡是有些刻意的，所以顯現出一股尷尬的緊張氛圍，而每次都是女兒主動的打開話夾子來化解。她比同年齡的孩子要懂事成熟的多，時時知道察言觀色，但這正是我最心疼她的地方，因為這其實都是我造成的。

進到餐廳裡，看到琳瑯滿目的菜色，她馬上裝滿了兩個餐盤，然後又是飲料又是湯碗的都快要沒有手拿回來了。坐定後我們馬上大口的吃了起來，這一刻，我真的覺得好愧疚又好幸福，真希望女兒永遠不要長大，時間就在此時停格那該有多好！

我們邊吃邊聊著，只是大部分的時間都是她在說，談課業、談學校發生的事、補習班的事，談愛看的偶像劇、談聯誼的事，我想是女兒顧慮到我的拙於言詞吧！

最近女兒總是會聊起她喜歡的一個學長，想想她這個年齡有感情的煩惱是很正常的事，也因為這件事拉近了我們父女間的距離。

「這件事媽媽不知道嗎？」我問。

「我不敢給媽媽知道怕她會擔心，爸，你千萬不能說喔！」

果然秘密是拉近人與人之間距離的最佳工具，就連父女之間也不例外。

有人說女兒是前世的情人，到了現在我頗有這個感覺，因為聽到她的感情煩惱我就打從心底的擔心了起來，因為感情畢竟是女人一生中最重要的事，如果遇到了壞男人那可就糟了，況且，雖然活到今天還不算蓋棺論定，但我應該稱的上是個不折不扣的壞男人，所以我還真怕女兒會被壞男人所傷，這大概就是所謂的因果報應吧！

一聊起感情的事她就停不下來。自己應該算的上是個情場老手，於是我一邊聽著，一面給女兒意見，在聽著說著的過程中，終於覺得我這個失職的父親還有一點點的價值能幫女兒分擔些什麼。

等到這個話題有點聊累了，鹹食主菜也吃的差不多了，我們改拿些甜點水果來吃。

「家裡面還好嗎？」我小心翼翼的問。

「很好啊，就那樣！」

「他……對妳們好嗎？」

「爸，你要聽實話還是聽謊話？」

難道是我的複雜心情被女兒看穿了嗎？她竟然知道我很怕聽到聽道實話。

「其實，他對媽媽真的很好，我真的覺得媽媽比以前更開朗也更快樂了！只是像剛才我們聊的那種感情問題我真的不敢跟他們說。」

複雜的心情湧上心頭，我勉強的擠出一絲笑容說：「妳跟媽媽要過的快樂最重要，我只要知道你們都好好的就夠了！」

我的言不由衷似乎又被看穿了，原本熱絡的氣氛竟被我的這番話變的凝重了起來，於是懂事的女兒趕緊移轉話題。

「那爸呢？最近都做些什麼？剛才都是我在說，現在該你了。」

我長嘆了一口氣，然後喝了口杯裡的飲料。

「經過了這些大起大落，爸真的覺得踏實最重要，現在的工作薪水不多，當然不能跟以前比，但是至少是個正正當當的工作，維持我一個人的生活開銷是沒問題的，反正爸爸只有一個人，節省點一個月是花不了多少的。」

「爸有打算再找對象嗎？」

「我這麼壞，哪有女人還要我。」

女兒用一種奇特的眼神看著我然後說：「爸！你還愛著媽對吧？」

這麼一針見血的問題，一時間我果然答不出來。

「其實爸，過去的事你也別太自責了，說真的，我以前那麼恨你，可是現在我也釋懷了！至於媽媽，我只能說他們真的相處的很好！爸你千萬別吃醋喔，我是真的替媽媽感到高興！」

「不會啦！」這句話說出口後，其實不能說是口是心非，因為吃醋是有的，但真的希望前妻能夠快樂幸福，只是能給她幸福的人不是我，我還是很自責！

罹癌後的母親真的比我想像中的堅強，沒有怨天尤人的非常配合一切的治療，再加上父親寸步不離的陪伴在身旁讓我覺得安心多了！

已經不只一次了，原本是輪到我要到醫院陪媽媽的，但是卻到了病房外看了他們一會兒後我就偷偷的不讓他們發現的偷溜走了！

遠遠的看著父親一口一口的餵著母親吃著稀飯，然後用毛巾擦著嘴角，有時吃完後爸爸會攙扶著媽媽到病房外的空地散步，此時爸爸都會小心翼翼的幫媽媽注意點滴的罐子，也有幾次在天氣不錯的午後，看到媽媽靠在爸爸的肩膀坐在戶外的長椅上睡著了。

更有幾次看到爸爸用著溼毛巾幫母親擦拭身體，做些私密的身體打理，眼裡載著滿滿的深情還有萬分的不捨，而母親的眼神中則是充滿著平靜的感激，每每看到這樣的情景，我總是不能自己的在一旁呆看了好久，不知不覺的就會淚流滿面的靜靜離開。

我想我是真的看了打從心底的感動，更想起了母親之前所說的：「因為我們是夫妻啊！」

也因此，現在的我走在路上，看到人群裡年輕的帥哥辣妹情侶親暱的摟著彼此，在大街上親吻，或是什麼大膽示愛的浪漫告白，我真的覺得那都不算什麼，更不覺得有什麼了不起，甚至心底冷冷的想著究竟有幾對能夠真的相伴一生、白頭到老呢？

反而是看到上了年紀的夫妻，也許他們已經滿頭白髮、滿臉皺紋，但卻還能夠彼此牽著手或是攙扶依偎著，沒有擁吻、沒有誇張的身體接觸，就只是輕輕淡淡的伴著彼此，這樣的畫面才令我覺得感動，這表示他們的愛禁的起時間的考驗，因為愛要禁的起考驗才偉大，否則速食式的浪漫與示愛其實很淺碟，來的快去的也快，沒什麼了不起的！

其實，爸爸的愛是充滿著愧疚的，就像我對前妻的感覺一樣。應該這麼說，爸爸的這條命說是媽媽撿回來的。

現在想想，人生裡的生老病死好像一場輪迴一樣！

五年前，父親意外的在健康檢查中發現罹換肺癌，還好發現的早，醫生說只要配合治療，康復的機率不小。大概也是從那一刻開始，父親才真的清醒了起來吧！

回想當時，母親就像現在的父親一樣，寸步不離無怨無悔的日以繼夜照顧著父親。老實說我覺得那是他活該，是應有的報應，甚至希望母親應該多愛自己才對，不必費盡心思的照顧他。但母親就是不離不棄的守在他身邊，陪父親化療，看著父親頭髮變光、變老、變憔悴，更諷刺的是昔日風光時的酒肉朋友跑的比飛的還快，一時間什麼權勢、金錢、奢華全都散盡，剩的只有媽媽陪在身旁。

父親算的上是少年得志，將近三十歲的年紀就擔任一家化學工廠的廠長，然後自己出來創業，在那個台灣以製造業為主快速起飛的年代，父親的事業如日中天的發展，才三十初頭就買了房子、開進口轎車。

但是男人真的是有了錢就想作怪，父親犯了全天下男人都會犯的錯，事業做大了後就四處拈花惹草，迷戀上不知道幾個妙齡女子，讓母親陷入苦不堪言的精神折磨裡，而且幾乎很少回家。

我恨父親，這種父親不要也罷！

只是這麼多年來我一直很不解，為什麼爸爸媽媽始終沒有離婚？

還記得當時媽媽說：「不管怎麼樣，我們這輩子是夫妻，他是你的父親，夫妻之間就是相互扶持嘛！」

「可是媽，他帶給妳那麼多痛苦，背叛過妳啊，難道妳沒有恨過爸嗎？」我不解的問。

「可是他現在還是離不開我啊，大概真的是上輩子欠你爸爸的，可能這就是夫妻吧！」媽媽苦笑著說。

這番對話至今我仍印象好深，而現在的我似乎也能體會出箇中涵義，也許，夫妻間的情緣真的是上天註定的，也就是所謂的「少來夫妻老來伴」的意思。

年老時，有一個「伴」勝過一切！因為到了那個時候，什麼身材、臉蛋、收入財富都已經不重要了。甚至，曾經冷漠、討厭或是背叛過彼此，但經歷了人生的數十寒暑後仍在彼此身旁，那就是真的有緣，就是一輩子的夫妻！

病房外，我看到很多年老孤獨的病人，很多都是印傭、菲傭在照顧著，當然也有幾個是夫妻陪伴著，看著他們，我想著每對夫妻背後應該都有說不完的故事，也許有的曾經瀕臨仳離，或是曾經背叛過彼此，又或是再婚的第二春，但不管如何，我總覺得，還能相依偎的老夫老妻是最令人動容的幸福畫面。

只是，要說恨爸爸，我又有什麼資格呢？我做的事跟爸爸又有什麼不同呢？我不也是依恃父親留下來的錢當資本做生意，運氣不錯的賺了點錢，然後順理成章的結了婚，生了孩子。

但也許就像父親犯的錯一樣，一切來的太容易、太自然，所以以為這些都是理所當然的，不懂得珍惜眼前擁有的，只想無限延伸貪圖慾望而不知節制！

走過這一遭後回頭想想，男人真的很弱智，只要有了一點錢就很難把持自己，喜歡被虛妄的恭維包圍，醉心於華麗的酒色財氣裡，明明嬌妻美麗又溫柔，但就要來個養情婦包二奶，因為權與錢是最好的春藥，甚至還覺得理所當然。

拋棄原本建立的幸福家庭，好像這樣比較了不起，其實說穿了，只不過是迷戀青春的肉體罷了，哪是什麼愛情，但男人似乎有了錢就會迷失，小的時候痛恨父親的行徑，但自己長大後卻重蹈覆轍，實在是不可原諒！

不過種什麼因得什麼果，凡事都有報應，後來我的事業不斷的走下坡，連鎖店一家家的關，到頭來竟弄到負債的局面。很現實的，沒了錢，金錢與肉體的交易當然也就理所當然的結束了，只是到今天我還弄不清為什麼事業會在短短的時間裡兵敗如山倒，可能是上天對我敗德的懲罰吧。

只是在我迷失靈魂、背叛自己的這段日子裡，「離婚」的事難以避免的出現在我與妻子之間，但也因為我的自私，這件事始終被我擱置著，也許在我心底深處還是有股反抗軍告訴著我現在所做的一切有多麼荒誕，怎麼可能只是為了與鮮嫩的肉體交歡就結束掉夫妻多年來的恩與情，如此草率的結束對我來說是迷惘的。大概只有這點可以證明當時弱智的我雖然暫時被小頭控制著，但低能的大腦還是有一絲絲的反省能力！

但是從雲端跌落深谷後，無能的我並沒有振作起來，反而又沉陷於酒精裡自怨自艾，倒是我還有自知知名不要去干擾他們母女的生活。有一次我又是喝的酩酊大醉的臥倒在路邊，被警察抬到派出所並通知家屬，酒醒後的我看到妻子帶著女兒前來，她的眼裡滿是驚恐的模樣，現在想想當時女兒一定以我這個失職的父親為恥，就像小時我心田裡的父親一樣。

後來大概是連老天對我這個整天怨天尤人的米蟲再也看不下去了，不再給點教訓不行。於是我在一次酒後駕車後撞傷了人，而且對方堅持不和解，如果繳不出罰金就得去坐牢。

想起當時為我送暖的也只有妻子而已，什麼酒肉朋友、情婦小三早就逃之夭夭，也從那時我才真的醒了過來，必須為這一切付出代價，不能再耽誤妻子的人生了，服刑前我在離婚協議書上簽了字，這是我唯一能為她做的！

幾個月的時間過去了，原本醫生估計媽媽最多只剩六個月的時間能活，但病情卻在父親的照料下漸漸的好轉，不但癌細胞沒有擴散，整個病情完全出乎意料的好，連醫生都說可以算的上是個奇蹟！

於是在聽完醫師的再審宣判後我快步的衝到病房裡，然後展開雙臂的緊抱住母親。也許這個舉動實在太過天外飛來一筆，但我是完全發自內心的流露，不過媽媽被我這個突如其來的舉動嚇了一跳。

「兒子，你怎麼了？」

「媽，我就說嘛，妳應該還有很多福要享，怎麼可能這麼早走呢，真的是老天有眼！」

「我是托你們的福，你爸跟你為了擔心我這麼辛苦，我怎麼捨得就這樣走。」媽媽伸出手撫摸著我的頭。

我情不自禁又把媽媽抱緊的問：「媽，妳怎麼能這麼平靜？」

「這幾年來跟你爸爸真的過的很幸福，我很感激，有過這樣的日子就覺得這輩子足夠了！」

「媽妳知道嗎，看到這幾年來妳跟爸爸這麼幸福的過著日子，我看了真的很感動！可是自從醫生宣布媽得了癌症後，我覺得爸爸的心情與反應比妳還要不安。」

「這就是愛人與被愛的差別吧！年輕的時候也許是我愛妳爸爸比較多，所以面對他的出軌我選擇擱在一旁不去想他，可是誰想的到，人生走了一遭，到了年老的時候換作是我享受著被愛的感覺。」

「媽當初是怎麼放下爸爸的事呢？」我問。

「因為我們是夫妻吧！再怨、再恨卻都是夫妻，既然還是夫妻，那就放下吧！」

「所以媽因為放下了，才有現在的幸福。」我像是醍醐灌頂的看著媽媽說。

「當時真的沒有想這麼多，只是認定彼此是夫妻，又想到不能讓你在破碎的家庭下長大，就這麼一路的走到現在，我想這都是上天註定的，到了我們這個年紀，夫妻就是一個伴而已。」

我聽的眼眶泛紅，止不住的淚流了下來，媽媽看在眼裡，於是安慰我說：「兒子啊，你跟琳恩的事我都知道，可是夫妻的情緣是天註定的，既然你們這輩子無緣做夫妻，那也只能接受這個事實，這樣你才能走出來。夫妻的緣份真的是不能強求的，有的緣深有的緣淺，但都只能隨順自然，知道嗎？」

「媽，我真的好後悔！真的好後悔！」

此時媽媽撫摸著我的頭，這個感覺就像穿過時光隧道回到孩時的那種感覺。

於是我想起婚禮上彼此發誓的那段話：我滿懷著愛和喜悅給予你這只戒指。我選擇你作我（法律上）婚姻的妻子／丈夫，我兩互相扶持，從今天開始，無論是好，是壞，是富，是貧，疾病中或健康時，都相愛相依，直到死亡將我們分開為止。

也許我沒有像爸媽那樣的福分，又或許，我還有一絲的希望！

幾個月的時間又過去了，媽媽的病情越趨穩定，而她的話在我的心底反覆的反芻咀嚼著。我一直在想，為什麼會有這樣的奇蹟發生呢？看看父母，想想自己，我想一定是牽手情發揮了療癒的力量！

從女兒那隱約的知道前妻有個固定交往的男人，但是這個男人的出現讓我始終有種複雜的感情，一方面替她高興，希望她能夠再找到幸福，但另一方面，人都是自私的，我卻打從心底忌妒著那個男的，好多次我偷偷的到前妻的住處守著，跟蹤他們外出的情形，遠遠的看著他們牽著手彼此相依著過馬路，深情的看著對方，彷彿有著他們之間只有彼此才能夠相通的靈魂樂，就像年輕時的我們一樣，這種矛盾的心境就像一首流行歌的歌詞所說的：「有些人錯過就已不再！」

也有幾次，我看到女兒也跟著媽媽還有那個男的一起外出聚餐，他們融洽的就像一家人一樣，享受著天倫之樂。想想還真是可悲，因為我的存在真的是多餘的。但我還是很阿Q的安慰自己說他們畢竟只是同居，並沒有真正的確立夫妻關係，所以負面的悲傷情緒還沒盪到谷底，總覺得還有一絲的希望，一絲不切實際的希望。

直到上次接到女兒的電話，她在電話那頭欲言又止的，我還以為是感情受到什麼傷害嗎？結果是跟我說媽媽要結婚的消息！

明明知道這天遲早會到來，但真正從耳裡聽到的時候，心裡浮現的是一股懼怕襲上心頭，原來一絲希望破滅後的感觸竟是恐懼，恐懼著這輩子的夫妻情義徹底的終結了，她將成為另一個男人的牽手，在見證人前發誓，一起相伴到老，直到死亡將彼此分開為止。

此刻我想起爸爸說的，當時我問他說夫妻是什麼？他說夫妻當面對面的時候是最親密的牽手，一旦走到背對背的局面，那就只是陌生人而已了！而現在，拴住我跟前妻的，只剩下女兒了，但女兒也漸漸的長大了，更會密合的融入那個新的家庭。真的，我是多餘的，出現了只會讓大家尷尬而已！

幾天後，我接到女兒主動邀約的電話，心底就像嚴冬裡通過的暖流一樣，但赴約前我勉強的暫時理好面對女兒的面目，因為幾天來的消沉讓我變的枯槁憔悴。

「爸，我想這幾天你一定不大好過吧？」

我大吐了一口氣說，「我沒事、我很好，還有……幫我把祝福帶給妳媽媽！」

「爸，你好ㄍㄧㄥ喔！這樣會得內傷ㄝ！」女兒試著軟化氣氛。

「其實爸你也不要再胡思亂想了，媽的意思並沒有要刻意隱瞞你，但又覺得如果很張揚的要你來祝福又太假仙了，所以才沒有主動的親自跟你說，只是我覺得爸遲早還是會知道，所以由我來跟爸說應該是最恰當的。」

女兒真的是早熟到讓我覺得愧疚，才高三的年紀就這麼善解人意。「謝謝妳啦，沒有忘記我這個老爸。」

「你永遠是我的爸爸啊！」聽了真的很窩心。

「新爸爸好相處嗎？」我又問了老問題。

「這你不用擔心了，明年我就成年了，就是個真正的大人了，爸放心啦，我不會被欺負的！」

我點點頭微笑。

「爸，你要真的沒事喔！」女兒認真的盯著我看，「千萬不要又消沉下去了。我看的出來這不是那麼容易，但希望經過一段時間後，爸能走出來然後打從心底給媽媽祝福！說真的小的時候我真的恨過爸，你幾乎都不回家又讓媽媽那麼痛苦，可是媽媽卻時常跟我說，不管怎麼樣，他都是你的爸爸，這是無論如何都無法改變的事實。所以爸，我永遠是你的女兒，可是你也要趕快振作起來喔。來，打勾勾喔！」

其實我的眼眶已經濕了，但我還是舉起手來跟女兒打了勾勾。

我是該珍惜、該感恩的！因為這麼可愛的女兒給了我正面的向上的力量，當然更該打從心底謝謝前妻把她教的這麼好，琳恩大可以要女兒恨我的，但她沒有。

想一想，可愛又懂事的女兒是我們曾經相愛而結合的融合之形，並以單獨的實體存在著。雖然，一切已經太晚了，但我們曾經是夫妻是永遠存在的事實！

現在，我在另一個城市的某個角落獨自的生活著，雖然每天還是會不經意的想起他們母女，每每的看到老夫老妻相偎的身影還是從心底湧上一股欽羡之情，但我已經清楚的知道，這輩子我不會再愛上任何人了，因為要愛上一個人太容易也太廉價，這已經不是我所需要的。

我想，在心靈的最深處，琳恩永遠是我這輩子唯一的妻子，不管她答不答應！

（此短篇小說完結）

# 夫妻關係 到底是什麼？

# 2-1「夫妻關係」在一個人一生中的重要性

男人找到妻子代表「成家」的意思，三十而立指的就是娶妻生子、傳宗接代；而女人找到丈夫意謂出嫁有了歸宿，因此在傳傳統的價值裡，這才叫做擁有完整的人生。

然而，當你是某人的丈夫、某人的妻子就代表著更深一層的責任，然後繼續衍生變成某某人的父親母親、媳婦、女婿等等身份。

這是婚姻所連結出來的層層關係。因為愛情，一對男女結合成夫妻，然後孕育出下一代，形成了親情，而愛情更是在婚姻與時間的磨淬下逐漸退場，最後也蛻變成親情，於是一同牽繫著並彼此照料、相伴到老！

這是一種「婚姻情結」，一種人類渴望安定、企盼有個伴侶能夠白頭到老，把婚姻當成人生最終歸屬的一種情結，希望能在婚姻的庇蔭下抗拒生老病死所帶來的恐懼、寂寞與無助。

所以五子登科裡會有夫妻這個篇章是在自然不過的。

## 2-2 談戀愛就好，為什麼要結婚變成夫妻？

我滿懷著愛和喜悅給予你這只戒指。我選擇你作我(法律上)婚姻的妻子／丈夫，我兩互相扶持，從今天開始，無論是好，是壞，是富，是貧，疾病中或健康時，都相愛相依，直到死亡將我們分開為止。

這段婚禮上的發誓是不是很美呢？相戀的兩人的透過這樣的儀式，在見證人面前相互承諾、互定終身，給予愛情一個法律上的地位。

於是夫妻關係正式確立，愛情變成了親情，戀人成了眷屬，原本毫不相干的兩家人結合成了姻親關係，這就是所謂的婚姻。

但問題就來了，既然兩個人相愛，那就相愛就好了，為什麼要多此一舉辦個儀式，發一張證書，難道沒有這道程序，兩個人的愛情就會改變嗎？還是，愛情的量變質變是從程序生效的那一刻開始變化的。

其實，愛情的發生雖然是兩個人的事，但若是沒有獲得法律上的認可，就像一個開了幾十年車子的駕駛老手沒有駕照一樣，也許他開車的技術比誰都好，但沒有駕照就是無照駕駛。反過來說，有駕照的人不見得就能上路，但他就算車開的再爛再危險，都能跟無照的老駕駛嗆聲：「我可是有駕照的喔！」。

婚姻其實也似如此，它是一個愛情的「認證」程序，通過認證不代表能永保實質，但若是彼此間的愛情沒有經過「認證」，雙方多少會覺得遺憾，也難以對彼此及週遭的人交代。

此外，社會、親友的壓力也是個很大的因素，當兩人的愛情公開後，似乎很大程度是為了滿足別人的期待，也就是說是別人希望彼此能有結果，為了不讓大家失望而丟臉於是朝大家希望的方向走。

怎麼還不結婚？都交往幾年了，年紀也不小了，拖久了不好喔！

演藝圈裡最著名的實例就是齊秦與王祖賢的愛情，長跑了十多年卻沒有結成果實，總是讓人覺得惋惜。

而在平凡如你我的週遭，也有很多這樣的例子，年輕時交往了快十年的情侶，身旁的友人們大家都覺得他們會步入禮堂結為夫妻，最後卻以分手收場，但隔不了多久彼此都跟其他的對象結婚了，為什麼呢？

這就是為什麼要結婚的原因！因為已經體認到愛情本身的力量是撐不了太久的，而且跟誰談都一樣會有無數的問題要克服，還不如趕緊透過「認證」程序來穩住彼此的心，這樣感覺起來還比較有保障。

而且，愛情與婚姻有個我們最不願攤開來面對的實質面，那就是「無常」！

正因為無常發生的太過頻繁，所以人們藉由外在的儀式、誓詞、證書、信物、裱框的結婚照等等形式上的承諾來消除對無常的恐懼。古人曾言，當人們對信任產生懷疑的時候，就越需要強調承諾的重要；越害怕缺乏某樣東西的時候，就越要彰顯它的存在。這很像每逢選舉各政黨內若是有分裂的情形發生時，那麼「團結」就會喊的震天價響的道理頗有異曲同工之妙。

# 2-3 婚姻是愛情的墳墓，這是千真萬確的

不可否認的，戀愛中最美的就是混沌不明的時候，不確定彼此的心意，喜歡又還沒告白，朦朧裡有著無限遐思，然後開始約會、牽手、擁抱、親吻，然後做愛做的事！

也就是說，當追逐的過程告一段落後，等到雙方完全確認了彼此，再來的就只剩下重複的儀式而已，新鮮刺激的不確定感完全消失，互動漸漸的由「外人」變成「內人」的關係，全然掌握著彼此，就像在軌道裡不停歇繞著的迴轉火車，久了自然讓人覺得疲乏厭倦。

這是日本作家山本文緒在「紙婚式」裡所描寫的無奈心境。她說道，老公已經是我的一部分，由於他不再是外人，所以見了也不會讓我忘卻寂寞，正因為是外人才會彼此需要，如果不再是外人就會漸漸的疏遠了。也就是說，讓對方變成自己人的話就不叫愛情了。

山本文緒還提到，愛情很像旅行，過的是脫離日常生活的步調，所以會覺得放鬆愉快。但旅行終會結束回到日常生活的軌道，也正因有無聊的日常生活，才會有刺激的旅行

生活產生，這就像上班族會有週五晚上的快樂心情，都要感謝憂鬱的禮拜一是一樣的道理。

我覺得這段話真的發人深省，但試想，相愛的兩個人不正是希望能夠生活在一起才結合的嗎？因為愛情而結合，但當真的結合在一起後，愛情的比重開始退場，成為平淡如水的瑣碎生活，這正是婚姻與愛情的不同。

有一個有趣的故事是這麼說的，一個丈夫跟妻子結成夫妻過著平淡的婚姻生活，他覺得對老婆的愛情已經被時間磨蝕殆盡，當初怦然心動的感覺早就完全消失，於是他犯了全天下男人都會犯的錯而出軌外遇。起初，他與外遇對象最大的話題就是抱怨妻子有多無趣、有多麼霸道無理，而小三也耐心聆聽，後來外遇的事東窗事發，他與妻子簽字離婚，然後與外遇對象結成了夫妻。

結果，過了幾年夫妻生活後，他又覺得對妻子已經沒有感覺，於是又犯了男人都會犯的錯又出軌外遇，對象竟是前妻，而他們最大的話題又是抱怨與現在妻子生活的無趣，原本失去感覺的前妻此刻又找回戀愛的感覺，於是，事情被發現後男子又離婚，然後再與前妻離婚。

這是不是像極了鬼打牆似的因緣循環，問題相同但一直繞著圈子而已！

夯到不行的偶像劇「犀利人妻」裡也有一段類似處境的精彩對白。

當溫瑞凡撞小三露出馬腳後，他跟好哥們郝康德聊這段外遇心境時，瑞凡說：「我覺得我好像又活過來了，是一棵活生生的樹，而不是只是維持家庭運轉的零件而已，我覺得我跟安真都成了零件，只有功能沒有自我！人活著到底為了什麼？難道只是為了成為零件嗎？」

郝康德則回應說：「這是生活啊，不是嗎？人生要越活越安定而不是越活越任性！那好，如果你跟薇恩繼續走下去的話，那也只會走進另一個更平淡的家庭生活，那你不也又變成另一個機器零件嗎？」

這兩個例子的本質都是無法面對愛情進入瑣碎生活後新鮮感喪失的事實，於是想找另一個更新鮮的來代替，不過如此而已。

但最大的問題是，當愛情進入婚姻後就不是愛情了，如果不懂得成長蛻變成平淡的親情，那麼這樣的婚姻就會難以為繼。

# 2-4 獻給已經是結髮夫妻的人：「執子之手，與子偕老」少來夫妻老來伴是種平淡而美麗的境界

「執子之手，與子偕老」這段話最常在婚禮上被大家引用，其原典是出自於詩經‧〈邶風〉的「擊鼓」篇，涵義是描寫一位被徵召去打仗的丈夫，在戰場上思念著她的妻子，並傳達出對白頭到老的企盼與承諾。

是的，白頭到老是結成夫妻的男女的最希望的事，是一種情結，也是婚姻的最高價值。就像彼此在誓言中所承諾的，無論是好，是壞，是富，是貧，疾病中或健康時，都相愛相依，直到死亡將我們分開為止！問題是，現實裡有著太多的事與願違，否則就不必刻意發誓了，不是嗎？

因此，在這個離婚率這麼高的年代，究竟夫妻要怎麼能走到白頭偕老呢？我覺得，是一點的「真心」加上很多的「命中注定」！這個註解似乎聽來很消極，但我必須強調，命中注定是一種對緣分感恩珍惜而衍淬出來自在豁達的哲學觀！

先前提到了因緣的本質是無常的，因為無論人們多麼用力的承諾、發誓，但它絕對不會理會這些，還是每一刻都在劇烈的改變著！而白頭到老是一種我們所期盼的現象，但事實的情形是，不管是生離或是死別，總有一方會先走，這是生命的真相。

因此我們所能做的就是，在當下付出真心，然後珍惜感恩彼此此刻的緣分，而其他的就交給命中注定吧！這樣的話，才能在最自在的情形下順著因緣有著更大的機會走的長長久久。否則，太強求太執著一定要如何如何的話，那麼這樣的感情就會變得很沉重，苦了自己也苦了對方，何必呢？

就像「琳恩」裡主角的父母一樣，年輕時曾經有過背叛，但是因著對彼此的那份心意，到了老年時，愛人與被愛的角色竟然出現了主客易位的變化，但不管怎麼樣就是相伴到白頭，這似乎就是所謂命中注定的最好註解。

時常我們在跟朋友聊天的時候會說：「不會啊 我覺得他還滿好相處的」，但我必須很殘酷的吐曹，只要你們變成夫妻，每天住一起，睡在一起，就會知道對方有多難相處了。

記得曾經讀過一篇名為「美麗陌生人」的短篇散文，內容談的是毫無負擔的陌生邂逅。作者認為這樣的相遇其實是最美的，沒有要求，沒有占有，更沒有後來的失望以及恨不得從未相遇的悔恨。如此的相遇所擁有的是暫時的好感，正因為只是暫時的，只有驚鴻一瞥的淺淺愛戀，所以毫無負擔而因此美麗！

因為活生生的愛情裡，彼此就算再怎麼相愛，都會透過長期相處而發現彼此的破綻，而愛情最弔詭的地方就在這裡，因為愛，彼此想要每分每秒的跟對方在一起，但正因為這樣緊密的結合讓彼此的缺點與短處一一浮現難以掩飾，於是摩擦與怨懟逐步累積，最後將原本的愛溶蝕殆盡，這正是愛情詭異的本質。

所以我這麼認為，能通過這些考驗真正牽手相伴一生的伴侶必定是從「享受負擔」開始的。因為「伴」這個字的含意其實是很平淡的，不似巧克力、玫瑰、燭光這些東西那麼浪漫。但是我們真的必須承認，愛情要常保新鮮幾乎是不可能的，甚至應該這麼說，讓一對夫妻能夠攜手白頭靠的多半不是熾熱的愛，而是習慣彼此、認定彼此所產生的力量，並從瑣碎的生活裡焠鍊出屬於兩個人獨有的互動EQ，互相包容、忍受、遷就，並以真心為基礎所磨合出來的圓融智慧！

# 2-5 背叛、外遇、離婚

## ⑴ 為什麼離婚率會一年比一年高？

離婚率年年攀高，有人說是現代的速食愛情觀把婚姻當兒戲，也有人說是因為都市化後的人際關係較為複雜，導致誘惑太多而難以對單一伴侶忠誠。

其實我倒是覺得這些都是見樹不見林的片面看法。因為回歸愛情的本質其實千古不變，也就是一段愛情要進入婚姻，然後兩個人組成家庭後還能牽手相伴幾十年到老仍然恩愛，那是需要一些運氣的，不見得每個人都能擁有這種好運，更何況有的原本看似天造地設愛的死去活來的情侶，但最終卻跌破大家眼鏡的以離異收場，而有的卻在眾人不看好下出乎意料的走的長長久久，這些情形在真實的生活裡屢見不顯，更證明了愛情就是充滿著不確定性，而婚姻的幸福與否更沒有標準的公式可循。

再加上都市化後女性自我意識提升，有了較大的經濟自主權，因此婚姻不再是人生中唯一的選項，反而會更重視婚姻的實質，如果失去了實質就會選擇結束，比較不會痛苦的

求全。過往看似離婚率低，其實那多是女性委曲的結果，以往男人三妻四妾，養情婦撞小三，妻子因為無經濟自主能力而只能在龐大的父權價值下選擇委屈含淚的維持住婚姻，但其實早就沒有實質而只剩下表面了。不然看看我們自己長輩們的婚姻就能找到答案，有多少比例是真的到老還是實至名歸的恩愛夫妻呢？還是只不過是貌合神離但沒有離婚罷了？

## (2)當愛情遇上背叛

背叛似乎是愛情的常態，否則世間就不會有這麼多愛情故事能夠歌頌了！就是因為愛情有如此的獨占性與不確定性，因此人們才會如此渴望，也正因現實裡的愛情大多數並不完美，因此純愛的故事、電影、連續劇才會那麼輕易的擄獲人心，那是現實愛情挫折的救贖。

而最讓人不堪的就是夫妻間的背叛，畢竟曾經在見證人面前彼此發過誓的兩個人，怎麼還是說背叛就背叛呢？

然而，該怎麼看清楚背叛的本質呢？我說的很殘酷，沒有人希望被背叛，但背叛別人與被人背叛的情節卻是天天在你我生活的周遭上演，但是，人們在痛恨背叛的同時，卻沒有任何制定法律的機關敢把背叛感情明定刑責，甚至「通姦」都在往除罪化的方向修正，為什麼呢？我只能無奈的說，背叛是人性的原罪，所以要對背叛者定罪懲罰似乎是違反人性的，也許，這一刻我被人背叛，但下一刻我卻又背叛了別人！

再舉「犀利人妻」的劇情，完結篇那場瑞凡向安真懺悔的賺人熱淚對白，瑞凡哽咽的對著安真說：「我真的希望用我剩餘的生命去換一天，不是特別的一天而是平凡的一天，只要這一天，我覺得就算我死掉了，我也想要回到這平凡的一天；妳曾問我，結婚十年對我來說算什麼？我現在可以回答妳，那十年，是我人生中最幸福的時光！」

而安真忍著快要流出的眼淚，並替瑞凡拭去臉頰上的淚水，然後說：「可是瑞凡，我回不去了！」

相信這段扣人心弦的感情戲很多觀眾都還記憶猶新，當時並引發網友們熱烈討論，安真為什麼「回不去了」呢？

因為安真在「做自己」的過程裡開啟了生命中的另一個新篇章，她已經體認到，女人不是婚姻的附屬品，反而婚姻只是人生中的一個部份而已，不必強求一定要圓滿無缺，或一定要挽回什麼。所以對於與瑞凡的十年婚姻已經全然的「放下」了，不會害怕、不去執著曾經擁有過的一切，因此「回去」已經沒有意義了！

但我還是相信世間有因果，人在做天在看！背叛別人的人，就算背叛，你也要「負責」的對待被你背叛的人，而被背叛的人也必須選擇「放下」，因為唯有「放下」才能結束痛苦歸零開始，這雖然是老掉牙的哲學，而且知易行難，但卻是走出背叛創傷的不二法門。

### (3)日本的離婚典禮

日本近年來因為離婚率攀高，出現了一種辦理「離婚典禮」的儀式，而且雙方是以慎重的心情來面對的，雙方同樣會宣讀誓言，但說的不是「不管生老病死，都不離不棄」，而是互吐苦水、解釋離婚原因、之後的財產分配等，並莊重的說出：「我願意。」

最後，在親朋好友見證下，兩人用象徵改變的「青蛙槌子」（日語「青蛙」與「改變」同音），一起大力敲碎婚戒，為彼此的婚姻關係畫下句點，所有不愉快一筆勾銷，現場觀禮者則鼓掌祝福兩人「分手快樂」。

儘管賓客常會尷尬地不知到底該不該拍手，但當怨偶回憶婚姻生活的甜蜜時，會場就會籠罩在溫馨氣氛中，不少人因此表示「離婚典禮比結婚典禮更感人」，而且許多當事人表示當槌子一敲下的時候，心裡頓時有著如釋重負的心情，整顆心都煥然一新了起來！

我想，這就是所謂的人生的真相，有人甜蜜的結婚羨煞眾人，就有人哀傷的告別兩人生活，而特別在在五子登科的「夫妻」篇章裡談離婚我有很深的用意，更自認為這是很健康的心態。因為傳統的觀念似乎只是勸合不勸離，但婚姻與感情重要的是「不能勉強」，但我強調前提是「負責」，在一起要負責，分開更要負責，也就是對自己負責，更對這段感情負責。

有一種說法是，愛情的產生其實是一種彼此的填缺遊戲，也就是男女雙方在跳一支需要與被需要的探戈。需要與被需要就是我們身上的坑洞，當找到另一個能夠填滿我們身上坑洞的人，就會感到有安全感，感情也因此滋生。

問題是，人們是生活在千變萬化的宇宙環境裡，所有的東西每一刻都在改變著，於是，原本滋生出需要與被需要的那個時空環境必然不可能永恆存在，所以當彼此身上的坑洞改變了、換位置了，那麼原本的那份密合就會消失！

因此，會說因緣無常也就是這個道理，而且更難以分辨是誰對誰錯，變了就是變了，就算追究出結果其實也是無濟於事的。

郁可唯唱的「指望」：別指望我諒解、別指望我體會，愛不是注定要填你的缺，快樂和傷悲，沒什麼分別，更不想依戀這殘缺的美、殘缺的迂迴。這段歌詞似乎道盡了在愛情的填缺遊戲裡痛過後醒來的頓悟！

兩個人結合是個美麗的選項，若是發現無法勉強而分開難道不是一件值得慶賀高興的事嗎？重新開始的歸零，何嘗不是另一種幸福呢？

# 2-6 單身難道犯法嗎？獻給未婚的單身族

談五子登科的夫妻這個章節，那就絕對得談相對於夫妻的另一種人生風景—單身。婚姻與單身還真的蠻像圍城理論的比喻，城裡的人想出來，城外的人想進去，雖讓嘴裡抱怨此刻自己的處境，但就是因為城牆隔著彼此，所以雙方進不去也出不來而維持著現狀。

但我還是必須一針見血的說，也許單身有一百種好處，但難以否認社會價值對單身的人仍舊有意無意的投以輕蔑的態度，像是「敗犬」、「嫁不出去」、「娶不到老婆」、「宅男」、「光棍」等這些辭句沒有一個是帶著正面價值的！

有人說上帝造人是一對對造的，又有人說一個人不好，似乎主流價值裡充斥著單身的危機感，好像單身一個人是有罪的！但是，結婚固然迎合主流社會價值，代表了至少是對幸福給了一個起碼的交代，但究竟是不是真的很幸福呢？我想只有當事人才知道。

但難道沒結婚、單身就是「不幸福」嗎？真的，千萬不是！

結婚只是通往幸福的選項之一而已，甚至我說的更露骨一點，真正幸福的婚姻是需要一點運氣與幸運的，未必每個人都擁有這樣的幸運。也許，你還是渴望兩個人的幸福，只

是真的難尋，那我就送您一句箴言：「順其自然，但不放棄；不強求，但求自在！」

如果你已經意識到那樣的幸運很難降臨，沒關係，不要氣餒，一個人的幸福絕對是必須努力的人生功課，甚至，它會變的更充實更有價值。

我又要露骨的說，愛情真的是講條件的，愛情其實並沒有那麼偉大，看外表、看金錢、看職業、看家世的愛情與婚姻佔了大多數，如果你因為缺少這些而無法擁有愛情婚姻，那千萬別為自己的人生氣餒，因為你只是沒有擁有愛情與婚姻，但絕對不要失去追求幸福的意志。

一個人的幸福該怎麼追求呢？該怎麼做呢？

## (1) 必須懂得享受獨處的樂趣，而不是懼怕的躲避它

在前言裡有提到「婚姻情結」，也就是人們把婚姻當成人生最終歸屬的一種情結，希望能在婚姻的庇蔭下抗拒生老病死所帶來的恐懼、寂寞與無助。

但殘酷的實情是，婚姻並不能消除寂寞，倒過來說，若是把婚姻當成躲避寂寞的工具，那麼造成事與願違的機會將會大大提高。

因此，不管你是已婚或單身，了解寂寞是什麼都是很重要的人生課題！

為什麼會寂寞呢？它和你結婚與否、有沒有情人、朋友夠不夠多、掌聲夠不夠大都沒有直接的關係，不然摸著良心問問自己，然後靜心的做個觀察，在成雙成對的擁擠人潮裡、震耳欲聾的夜店pub裡、還是facebook、MSN中或是光鮮亮麗的囍宴中或是KTV包廂裡，這些看似熱鬧喧囂的群體環境中，寂寞消失了嗎？還是只是暫時被掩蓋了起來呢？等到人群散去後就會來個絕地大反撲呢？

是的，寂寞不能逃避、不能排遣，只能與它共處！

怎麼與它共處呢？那就是必須靜下來，用心的去找尋內心的那條河，然後溯著流水回到源頭，在源頭與他（她）做親密的接觸，與他（她）對話，不要有任何的干擾，暫時丟開i-phone、切掉網路、關上電視，聆聽他（她）傳達給你的訊息。

這段話看似很玄，其實就是所謂「獨處」的探索過程。獨處是貼近自己，與自己親密的自我揭露歷程，此時不必去迎合任何的外在情境，而是進入心源感受他（她）的脈動，瀏覽著自己的內心風景。

麥克・康寧漢（Michael Cunningham）的著名小說「時時刻刻」（The Hours）裡，有一段描述布朗夫人渴望有個獨處空間的獨白，她說，她想要的，是一個隱密、安靜、可以閱讀、思考的地方。如果到了一家商店或餐廳，她將必須表演，必須佯裝需要或是想要一些她根本沒有興趣的東西，必須舉止合宜，必須坐在一張桌子旁，然後點些東西吃下去。

她想暫時遠離孩子與老公的牽累，於是選擇了在一間旅館投宿。在這種獨特的靜謐中，她遠離了自己的生活，暫時離開自己的世界，進入自己的天地裡，此時的自己可以隨心所欲、無拘無束。

這段描述道出了獨處所帶來的享受。這是一種暫時從繁雜連結的現實世界出離的過程，它能夠在心源與自我建立起真正的關係，而不是虛應故事敷衍了事。一旦這樣的關係與能力建立了，我們就擁有了由內而外的安全感與自由，這種自由不是依賴外求的事物來掩蓋寂寞，擁有的是最真實的自己。

試著練習看看吧，曾經是兩個人或是一群人去做的事，這次自己一個人去體驗看看，到餐廳吃飯、看電影、看展覽、聽演講、騎單車、到河濱步道散步、遊山玩水、旅遊等等，漸漸的你就會發現，原來一個人跟一堆人去體驗一件事在心中產生的感觸會是如此的不同。

必須強調的是，獨處是一種信念的能力，並不是要你變的孤僻，與人該有的互動，或是熱鬧喧囂的場合都可以去參加（如前面提到的夜店、pub、跨年晚會等），也應該樂在其中，因為人本來就是群居的動物，與眾人有人際間的關係才是健康的，只是，不能夠完全的依賴它來逃避寂寞、逃避自己。

因此，當我們復原了獨處的能力時，獨處就不是孤單、不是寂寞，而是一種幸福與享受。尤其我特別強調單身的人一定要找回這種能力，因為進入婚姻的人每天為了滿足別人的責任與需求就已經忙得不可開交，就算他們也覺得寂寞，卻很難有多餘的精力去經歷這件事。

所以，當你能夠全然的進入獨處，感受它、體驗它進而能夠享受它，那麼它帶給你的幸福與能量將給你意想不到的驚喜！

### ⑵ 朋友越多越好，千萬不要封閉自己

再次強調，獨處不是封閉自己，反而是擁有獨處的能量後，才能夠有顆更開闊更健康的心來與人互動。

太多婦女把所有的時間給了家庭，好友、姐妹淘們都疏遠了，但當家庭出現危機的時候，身邊找不到一個朋友能相伴，這是已婚婦女對家庭所做的巨大犧牲！

如果你單身，那就絕對要多交朋友，沒有理由封閉自己，走出去就對了！

有人說，朋友不要多，知心的一兩個就好。我同意，但是，知心好友是可遇不可求

的，如果有，那就好好珍惜。但除此之外，我建議還是要多交些各類型的朋友，但千萬不要是有利益金錢上的往來，以興趣為結合的朋友更好。也許一開始不見得能夠深交，但朋友本來就是最沒有負擔的一種人際關係，一生中來來去去多如走馬燈，也正因如此可以放下彼此期待的心，有時反而在無心插柳的情形下交到相伴一生的好朋友也說不定。

離開學生時代超過五年以上的人，都會覺得職場上真的很難交到真心的朋友，大多數的情誼都是表面的，一旦職務關係結束了，情誼也就結束了。

我覺得這是事實，但是事情都是一體兩面的，如果換個心境來看待交朋友這件事，把每個朋友當做是一扇扇的窗口，透過他們，我們能夠看到各種完全不同的人生風景，不要帶著占有的態度或是先入為主的想法，就是順其自然的互動就好，就算沒有深交也沒關係，至少有某一個話題能聊就好，也許是電腦、也許是八卦、新聞、購物、時尚、抱怨……等等，是什麼都沒關係。

何況，人的事情是很難說的，也許一開始只是表面的，但慢慢的卸下了彼此的心房成為更好的朋友也說不定。

誰說一定要怎樣怎樣才是朋友，表面的、功能的、談心的、遊玩的、吃飯的，只要不要牽涉利害關係，沒有不當的企圖，誰說一定要知心才能是朋友，不管是深是淺，我們擁有了更多的窗口來看這個所處的世界，何樂而不為呢？

尤其對單身的人來說，朋友真的很重要！只要把自己的心窗打開，朋友會不請自來的！

## (3) 一定要從另一個地方得到成就感

它可能是一項興趣、一個才能、或是最俗氣的事業成就，不管是什麼都沒關係，但一定要在另一個領域有一個目標，然後去追尋達成，因為這個過程可以豐盈自己、抗拒寂寞！

也就是說，單身的人不需要花時間去經營家庭關係，因此空出了很多時間，而人都需要滿足感，幸福的家庭是一種滿足，但我們聽到有太多結婚的人抱怨說：我全部的時間都給了家庭、我想要有自己的時間、這個家害我沒有去〇〇〇，沒有學〇〇〇、要不是因為你們，我早就變成〇〇〇！這種夫妻親子間的抱怨還真是不勝枚舉。

所以如果你是一個人，那就要讓〇〇〇成為你的人生成就！擁有家庭的人無法獲得的，你把它贏回來！

# PART 3

# 兒子篇

# 前言

我想很多人跟我一樣有個疑問，五子登科裡的「兒子」究竟是有孩子，不管兒子女兒都算，還是一定要是兒子才能算呢？

其實這個答案就在你我的心中，只要你認為是就是，不是就不是。

但如果是要到原典裡去找這五子的定義，從古至今的傳統觀念裡，的確是要有了兒子才算五子登科，有女兒真的不算數！

不過隨著少子化、都市化與女權運動的交互作用下，我相信在不久的未來一會朝著廣義且健康的概念前進。

但是，為什麼東方社會對生兒子這件事這麼在意呢？真的非得生出兒子才算是對的起祖宗八代嗎？還是不過是個禁錮心底的迷思而已呢？

接下來邀請您來閱讀「五子登科又怎樣——兒子篇」的短篇小說「我永遠的女兒。」

# 「我永遠的女兒」

真的是所謂的世事難料，曾經以為我的人生字典裡已經沒有幸福這兩個字可言，卻怎麼也沒想到，今天的我竟然還有這個福分能跟意外得到的女兒一起步入禮堂完成終身大事，此時的心中充滿著無限的感激！

一起拍婚紗，籌備婚禮，再次找到幸福的感覺我們比誰都珍惜，幸福對我們來說，形式化的盛大婚禮其實我們根本不在乎，因為幸福並不是拿來炫燿用的，它可能隨時降臨，更可能隨時飛走。

曾經我也以為手裡握著的幸福會伴隨著我終老，但歷經了這些才知道，珍惜現在所擁有的就是幸福。

「媽，妳今天真的好漂亮！」

真的，女人穿上婚紗就變得漂亮，那是一種幸福所散溢的美麗。

「妳也是啊，瞧妳，就是一副公主模樣嘛。」女兒注視著鏡子裡的自己。

「媽還真的捨不得妳要變成別家的媳婦，不過捨不得歸捨不得，可是心裡還是很高興，畢竟我們終於苦盡甘來了！」

我們輕輕的擁抱在一起，共享著此刻的溫馨。

選在一間郊區的教堂，暫時與喧囂的都市隔絕。從庭前廣場一眼望去是一片翠綠的樹林，伴著輕輕的蟲鳴鳥叫聲，鄉間小徑裡則有著一份寧和靜謐的感覺，空氣裡飄盪著閒適的氣息。

簡單的儀式，只邀了幾個知心的老朋友，半生不熟的我們都沒有邀請，因為這種藉著風光的盛大儀式來宣示幸福的心境我們也曾經擁有、褪色然後遺落，如今再次的擁抱幸福，我們的心境有著很大的不同。

神父朗讀著愛的誓詞，我們彼此看著自己的另一半，都五十多歲了再次步入禮堂，我在心底默默的祈求禱告著，更感激能跟女兒成為親上加親的人。

真的覺得女兒比較貼心，心思也比較細膩，可以一起談心、逛街、打扮的美美的在鏡子前照個不停，然後試穿衣服甚至交換來穿，更可以撒撒嬌裝可愛裝憂鬱，這些都是兒子無法取代的！

兒子一旦長大了，就比較難找到共通的話題可以聊，像我那個寶貝兒子總是跟他爸爸聊政治，參加什麼選舉遊行造勢晚會、一起去看職棒比賽、或是光一輛汽車就可以講個半小時，在我看來不過是四個輪胎在路上跑的東西，哪有那麼多能扯的。說真的，他們父子倆聊的話題我還真是一點興趣都沒有。

雅芳是我的大學同學，她很厲害生了四個兒子，但就是生不出女兒，每次見面就聽她抱怨說兒子們大了都沒人可以談心，而且家裡一點美感也沒有，衣服鞋子就那麼幾件，而且都是汗臭味。

不過話說回來，這些話如果聽在沒有兒子的父母耳裡，那就是再刺耳不過的風涼話了。

人似乎永遠羨慕別人所擁有的！

我的另一個好友姿純她生了三個女兒，好不容易第四胎才懷了個兒子，她就很羨慕我只生了一個兒子，只要痛苦一次就畢其功於一役，在別人眼裡就是個真正的女人，一個生的出兒子的媽媽。

其實我只有一個兒子，我所說女兒其實是我的媳婦！

年輕時一直很遺憾沒有生女兒，因為自從懷了兒子後，一直想再幫他添個妹妹，無奈我卻一直沒有懷孕。不過還好我第一胎就替夫家生了個兒子，可以抵過一打女兒，而且在傳統迂腐價值的箝制下，這樣已經能夠證明我是個可以抬頭挺胸傳宗接代的女人！

想想女人還真是可憐，幫別人生孩子還被嫌東嫌西的，而且近代醫學已經證實，生男生女其實男方一樣要負一半的責任，但在父權思維的宰制下女人就這樣不明不白的含冤了幾千年！

而我呢，在人生最低潮黯淡的時刻，亦步亦趨的陪在身旁的不是老公、更不是兒子而是我的媳婦，現在想起來實在無法相信，如果那段時間沒有她，我怎麼可能再找到今天的幸福呢？

現在的我們一起再出嫁，此時的心情比起當初兒子要娶她進門時還要高興，一方面為了再次降臨的幸福而高興，但卻有著些許的遺憾，遺憾著兒子沒有福分與她相伴一生。不過無論如何，經歷了這些風雨人生，我想我們此刻的幸福是發自內心的，這種喜樂能夠釋放心靈，擺脫外在的禁錮與壓制，也許過往的傷痕與痛楚劃的很深，但在癒合的過程中，我們真的變的不一樣了！

相較於意外獲得的女兒，談到這個兒子就令我百感交集。到了我這個年齡，經歷了如此這般的人生衝擊，我很誠實的說，對一個母親來說，生兒子的確是比較虛榮的，但我還是必須摸著良心說，那是由外而內而不是由內而外的！

懷孕時最常聽人問的問題就是，想生兒子還是生女兒，大部分的人都會虛偽的說，兒子女兒都一樣，當時的我也不例外。但其實在每個女人的心靈深處都有生不出兒子的遺憾與恐懼。

不可否認的，最好的情形當然是有兒子也有女兒，但孩子是上天的賜與，不是想要就可以有的，我也相信隨著女權的進化與都市化的演進，重男輕女的觀念的確有在改變，但那股傳宗接代的壓力似乎還是罩在女人頂上，不然為什麼根據統計每年還是有許多的母親在懷孕初期就急著做羊膜穿刺來辨別生男生女，甚至因此而做人工流產呢？

還有，全部生兒子跟全部生女兒的媽媽感受是全然不同的，雖然都缺憾少了另一個性別的孩子，但卻是有著天南地北的心境。像雅芳在說什麼家裡沒有美感，都是汗臭味，這聽來就像是在炫燿，如果是生了五個女兒的母親，就只能用可憐來形容吧！

而我呢，是真的曾經體驗過什麼叫母以子為貴的感覺！

因為丈夫是獨子，就算是再開明的家庭，想當然耳會對傳宗接代的事有相當的期待，因此在交往的初期，當時母親就很擔心我如果嫁到這樣的家庭會很辛苦，可是有什麼辦法呢？愛上就是愛上了，而且越陷越深無法自拔，漸漸的，我已經意識到大概跟他這輩子是很難分開了！

婚後其實跟公婆相處也沒什麼大問題，但就少了那份親近的感覺，講白點就是還是被當成外人，彼此間有道說不出的界線阻隔著，直到我親口說出懷孕的事情後，可以感受到公婆那股打從心底的關心油然而生，我想，是孩子讓我跟這個家慢慢的連結了起來。

當然，懷孩子的喜悅是男人無法享受的，就算體貼的全程陪伴著，但那也是間接的體驗而無法全然感受。

當知道懷孕的那一刻開始，一個全新的生命在妳的身體裡孕育，隨著孩子一天天的在肚子裡長大，那是一種育成生命的成就感，與妳一起呼吸，妳就是他他就是妳，只屬於我們兩個之間的全然親密，這種牽繫是男人永遠不可能體會的！

而當分娩的那一刻，痛楚有多少、喜悅就有多少。還記得當確定是個健康的男嬰時，我強烈的感受到丈夫、公婆臉上那抹真誠的笑容，而且笑容裡是帶著感謝的。感謝我替夫家延續了香火，讓老公有了後代，而我也從他們的感謝裡為自己、替兒子感到驕傲，就像是上台領獎那般的自豪。

那是我與孩子的成就，但卻足以讓他們如此的興奮，也讓我覺得我越來越不是個外人了！

往後的幾年間，我覺得整個家是以兒子為中心繞著他跑的，做鬼臉逗他笑、餵奶、洗澡、看他打哈欠、翻身、到學走路、ㄚㄚ學語的亂說一通，然後第一次開口叫媽媽，再到學寫字，然後背書包上學。

如今回想起來，看著我與媳婦要再次步入禮堂的同時，我反省自己，父母對孩子的愛真的是無私的嗎？

我的答案是否定的！

我覺得，有多疼一個孩子，那就代表你會有多自私。擔心他的身體健康、擔心他的課業、憂心交到壞朋友、擔心他的工作，擔心他能不能找個好對象，永遠擔心不完的擔心，愛的越全面就越想控制，越是以孩子為中心，就越是失去自己。

像我的幾個朋友，把青春歲月奉獻給孩子後，脫離職場、朋友也斷了線，孩子大了竟然翅膀硬了不再需要我了，那是一種被背叛的感覺，但這個錯覺卻是自己造成的！

我是應該知足的，比起其他女性算的上是幸運的，至少擁有私立大學社會系畢業的學歷，雖然稱不上金字塔的頂端，但至少是處於中層的地位，婚前當過幾年社工，接觸過一些案例，現在想起來說的好聽是輔導需要幫助的人，但其實那樣的經驗豐厚了我的人生經歷。

只是對女人來說，一旦決定進入婚姻，決定生兒育女，其實再高的學歷再高的地位不都一樣嗎？好，如果不進入婚姻，有了高收入高地位，現在又被新的流行語稱作「敗犬」，實在是有夠莫名其妙的不公平！

但是，結婚真的好嗎？

我只能說，不結婚要有更大的勇氣，因為結婚符合世俗的需要，迎合主流價值的眼光，但是，我真的覺得在婚姻裡女人是相對弱勢的，嫁過去、生孩子犧牲的都是女人，但這樣的犧牲畢竟是獲得社會認可的，因此多數人就算覺得委屈但也只好接受。

而我呢，跟大多數的女人一樣，跟相愛的人結了婚也生了個兒子，就這樣過著平淡多年的婚姻生活，一晃眼竟然寶貝兒子都要結婚了。

其實想起當時，對媳婦沒什麼壞印象，只是天下父母心，心底總覺得自己的兒子是最優秀的，也覺得媳婦搶了我的兒子，因為媳婦畢竟不是女兒，我想女人間的忌妒心是不可能克服的，喜歡媳婦是表面的，是帶條件的，說的更白一點，那不是真誠的發自內心的！

兒子婚後我盡量做到不干涉他們夫妻倆的生活，但才新婚沒多久他就因為工作的關係被常調到上海，而我的先生也因為經營的事業越加擴展而時常不在家，這雙重的意外讓我們兩個寂寞的女人成了互相扶持的支柱。

後來媳婦懷孕，但兒子也幾乎不在身旁，當時我也跟兒子通電話說不管再怎麼忙，妻子懷孕應該要陪在身旁才對，但兒子回來的次數還是寥寥可數，從懷孕、生產到坐月子幾乎都是我在照顧媳婦。而且每次兒子回來，連做母親的我都能清楚的感覺到他的心根本就不在這，有了老婆又添了個女兒，怎麼可能回到家是這樣的神情呢？跟我之間也變的越來越陌生，像是有什麼事隱瞞而要刻意躲避似的！

身為女人的我有股不祥的直覺，但又不好點破，因為畢竟那是他們夫妻間的事。

但命運就是這麼捉弄人，正當我在為兒子與媳婦間的事情煩惱的時候，完全意料之外的晴天霹靂竟發生在我身上！

就在先生出國前往新加坡出差的旅途上，他坐上了那班永遠無法抵達目的地的死亡班機。

過往在電視裡看到空難意外的新聞，雖不是自己的親人但都覺得鼻酸，如今怎麼能這麼殘酷的發生在自己的身上，前一刻還活生生的在你面前，而下一刻竟然就消失的無影無蹤。生要見人，死要見屍，但茫茫大海裡只搜尋到幾片飛機的殘骸跟油漬，其餘的都沉入海底，怎麼也找不到了！

招魂、辦後事、開立死亡證明等等這一關關面臨死別的痛楚一刀一刀的劃在我的心田，還只是中年的我就成了寡婦，往後的日子該怎麼辦呢？此時的我眼前只有一片茫然。

時常在夜半，我會不自主的思念老公，雖然年輕時的激情愛戀早已褪去，但取而代之的是一種相伴的踏實感，也就是不管怎麼樣我都不是一個人的承諾。難怪常聽說年老的長輩當另一半告別後不久後也很快的就離開了的情形，我想那是一種依戀的崩潰，一種失去完整的孤寂。

朋友們也都安慰我要往好的方面想，畢竟孩子大了，否則如果是在孩子還小的時候遇到這樣的事，恐怕會更茫然更無助吧！

沒錯，而且幸好媳婦全程陪在我身旁，應該說是我托兒子的福多了個女兒陪在身邊。而讓我感到不解與心寒的是，父親因意外過世，兒子表現出來的態度竟是出奇的冷淡，好不容易回台灣一趟沒待幾天又急著奔回大陸，而且我感覺不出他有任何打從心底的悲傷，對我的陪伴更是不如媳婦來的貼心，只有談到遺產跟保險金的分配時才覺得他跟我們是一家人，是站在同一陣線的。倒是媳婦始終亦步亦趨的陪著我，陪我回憶，陪我哭泣，陪我經歷，就像是緊緊貼在身旁似的伴著度過這個痛苦的難關！

想不到，至深的痛苦還沒到達盡頭！

失去的痛可以安慰自己會隨著時間淡去，但「背叛」這兩個字卻從來不曾覺得會出現在我跟先生之間。原來我當了不知道幾年的呆子，以為我們之間的愛是獨有而私密的，沒有任何東西能夠取代，但在得知真相的那一刻，彼此間承諾的情感就像被丟到夜市的地攤叫賣一樣，赤裸的一覽無遺。

就在保險理賠與隨後而來的遺產分配程序進行的時候，先生的情婦還有私生子就這樣意外的曝了光，如果不是這場空難，也許我一輩子都不會知道，這樣也許比較好，但還是覺得很可悲！

如果他活著，我還可以對他發脾氣，要他跪在我面前求饒，可以用離婚當作武器來報復對我的不忠，甩他巴掌跟他哭鬧。但現在，我連這樣的發洩機會都沒有！倒是兒子知道這件事後態度馬上有了轉變立刻飛奔回台，我原本以為這次他是真的掛念我要好好的回來陪伴我度過傷痛，沒想到還是一樣，跟我們的互動只剩下像是例行公式一樣，言談裡都是他的事業，眼神裡態度上完全沒有關心，於是我心底已經有譜，他在乎的只剩下金錢的分配而已。

果然在處理完相關的事情後他就說要趕明天一早的飛機回去了。就在他竊竊私語的邊講電話邊整理行李的時候，我靠了過去想跟他聊聊，卻看他露出嫌惡的眼神，然後匆忙的掛掉電話以冰冷的問我：「怎麼了？媽，有事嗎？」

冷到結冰的口氣讓我愣了一下：「沒……沒什麼事，只是媽想跟你說說話。」

「說話？」他像是錯愕的覺得為什麼要說話的感覺。

「媽，事情都辦的差不多了，爸的後事、財產的事，應該都辦的差不多，沒想到爸留下的還真不少，只是有點意外的還有另外一家人來跟我們分，我已經請律師處理了，他說會幫我們爭取到最多，所以媽，你就不用擔心了。」

兒子真的是不懂我心底的痛處，還是兒子養大了都是如此，眼裡只有財產的、事業的、利益的事才叫事情！

「你那邊一直那麼忙嗎？」

「是啊，現在機會來了，我要好好把握，媽你看著好了，我會把天下都賺回來的。」

講到非關情感的事業，他就眉飛色舞。

「可是媽很希望你多待幾天，不只為了媽，你也該多陪陪秋婷跟女兒吧。」

「媽，那邊我真的走不開。」馬上臉色一沉的說。

兒子一直避免的跟我做眼神的接觸。

「可是兒子啊，這個家發生了這麼多事，你難道……不覺得該花點時間陪陪我們嗎？這段日子，都是秋婷在撐這個家的，現在你又當爸爸了，應該多花點時間照顧家庭吧？」

「可是媽，現在那邊擴張的很快，我實在沒有心思多花時間在這邊，而且就像媽說的，秋婷很能幹，一切都打理的很好，如果有不滿意的地方就好好的跟她說她都會聽的啦。」

我實在越聽越氣，於是直接切入重點。

「不是秋婷的問題，是兒子你啊，你難道不覺得你對這個家太冷漠了！做父親做丈夫對家庭不該是這樣的！你老實跟媽說，有沒有做對不起秋婷的事？」

他吞了一口口水閃爍了一下眼神，就女人的直覺，我能感受到兒子的心虛。

「媽，你在說什麼？我工作這麼忙，怎麼可能。」

「如果有的話，趕快結束吧。秋婷這麼好的媳婦，你不能對不起人家。經歷這麼多事，媽真的跟你說，事業對男人來說固然重要，但其實家庭才是應該擺在第一位才對，就算擁有了全世界但失去家庭最後一定會後悔的！」

兒子顯然是心虛，所以越聽越不耐煩，拼命的想轉移話題。

「媽，我要忙了，明天要奔回工作軌道要準備很多東西，我會跟秋婷說要她多陪陪妳的，其他的就不要胡思亂想了。」

也許，沒有先生的背叛，沒有看到兒子這麼現實的一面，我不會有這樣的覺悟！於是我獨自的反省著，為什麼女人總是為難女人，女人無法站在同一陣線捍衛自己的幸福，甚至笨到站在男人的立場思考事情。所以當兒子背叛媳婦，做媽媽的態度究竟應該是什麼？

我看過太多長輩們的例子，自己年輕時被老公背叛痛不欲生，但當了婆婆後兒子又跟父親做了相同的事，她卻跟媳婦說，男人有這種事是正常的，要她顧全大局。

仔細想想，到底是顧全誰的大局？還是害怕不顧全大局自己會一無所有！女人真的是好可憐。

但這次，歷經過奇特的生命遭遇，我要堅定的站在女人這邊！我打從心底的關心著媳婦，就真的像是母親關心女兒般的心疼著她，媳婦全然的成了自己人，兒子成了外人！

「媳婦，你們夫妻間的事，我想妳心裡有數吧！」

媳婦先是抬頭看著我，此刻我們彼此似乎什麼都不必多說的用眼神傳遞著複雜的情感，然後她低下頭像是默認一樣。

「這些日子妳對媽的好我都點滴在心頭，弘達的現實跟冷淡我也都看在眼裡，妳放心，媽給你靠，我們之間的患難情感誰也取代不了，媽絕對站在你這邊，那些臭男人。」

於是媳婦終於整個的把情緒釋放了出來，倒在我懷裡痛哭失聲了起來。

就哭吧！我像在哄嬰孩般的撫摸著她的頭髮臉頰，溢流而出的熱淚慍濕了我的手臂。那一刻，我覺得我們真是一對苦命的婆媳，同樣都遭到男人的背叛而真的化解了女人間的忌妒與小心眼，我們彼此舔舐傷口，然後一起等待癒合後的新生。

我再次的打電話想跟兒子聊心理的話，想給他最後反省的機會，不過果然依舊是冷淡的否認，只想閃避沒有誠意。

於是，我下了最痛苦的決定！

「傷了大人的心，別再碎了孩子的夢。」

「凡是只要開始永不太遲。」

「始終打不通的電話，別再無聲的成全，苦的只是自己。」

過往在看到這類徵信社的小廣告時，心中只是快快的閃過「不幸」這兩個字眼，沒有多想也不願多想，更不覺得這樣的不幸會降臨在自己身上。

但是現在，我不要做媳婦的婆婆，而是堅定的要變成她的媽媽，陪她面對、釐清事實，然後才能夠從無窮盡的痛苦裡抽身出來。

徵信社果然神通廣大的拍到了一些照片，再來要的就是最赤裸的直接證據了！

就在徵信社的專業判斷下認為時機成熟之際，最後在我的同意下採取了行動。

「媽，怎麼是妳？」

一對男女衣衫不整的用棉被裹著身子。看著此情此景，我實在不敢相信眼前這個叫我媽的男人是我懷胎十月所生下來的兒子，我覺齷齪、醜陋、噁心想吐還有著無法言喻的傷悲。

「是秋婷要妳這麼做的嗎？」兒子瞪大眼帶著指責的口氣質問我。

終於等到水落石出的這一刻，我想對媳婦來說，此刻的一切都死了，但也因此才能再活過來，但另一方面我卻自私的慶幸著，慶幸著丈夫對我的背叛，這些不堪的過程全都省略了，隨著沒入大海裡永遠的塵封了！

「媽，是不是，你們怎麼可以對我做這種事？」

兒子的斥責聲將我拉回了現實，但他一字一句的質問進到我的腦海後，聽來令人非常令人生氣，但我還是掩住情緒的說：「弘達，這麼骯髒的場面讓秋婷親眼看到我實在不忍心，還是由我來處理比較好。」

「媽，妳怎麼這樣，妳是我媽媽セ，難道妳要我們離婚？」

「你要弄清楚，做錯事的人是你，真奇怪，是你背叛了秋停，不離婚要怎樣？」

「不管怎樣，你們這麼做我很難堪！」

「難堪？那你帶給秋婷的痛苦呢？她到底哪裡不好了你要這樣對她，你做這樣的事，要媽怎麼袒護你，這次我一定堅定的站在女人這邊。之前在電話裡我已經說的很清楚了，要嘛你就承認，求饒看秋婷要不要原諒你，結果沒有可是你說的……心根本就不在了，為什麼不讓她自由？」

兒子被我說的低下頭來不發一語……

「整個家都是媳婦在撐你知道嗎？這個家你老早就不要了嘛！事業做大沒什麼了不起啦，難道事業做大就可以背叛秋婷嗎？」

經歷了反覆凌遲的痛苦，媳婦終於離了婚！

照理說離了婚我們就是無緣的婆媳了，但是在苦難的淬煉下，我們已經變成了一對分不開的母女，而且意外之緣就這麼的打開了。

媳婦是他們家裡唯一的女兒，而她的母親在她讀大學的時候就因為一場意外而過世了，據說當時親家公非常自責，因此多年來一直活在喪妻的陰影中。

為了不想讓爸爸愁上加愁，媳婦從一開始就不想讓父親知道她婚姻亮起紅燈的事實，但紙終究是包不住火的，而且兒子外遇的事我也一直覺得過意不去，所以並沒有刻意隱瞞的意思，因此在我的誠懇告知後親家公決定不動聲色的以免給女兒憑添無謂的壓力！

我經歷的喪夫之痛以及為秋婷所做的一切親家公都看在眼裡，漸漸的，彼此為了心疼這個女兒、疼惜這個媳婦，我們敞開了彼此的心，時常我們就相約吃個簡單的便飯，或是到郊外走走來排解心中的鬱悶，然後聊著我的丈夫兒子還有他的女兒妻子，於是在不知不覺裡衍發了一種難以言喻、若有似無的奇妙情感。

有一段期間我們都曾猶豫這樣的情感到底是不是愛情，因為都已經年過半百了，雙方並沒有呼天嗆地的濃烈激情，但卻有股如果缺了對方會覺得往後的人生路是有遺憾的，一定要一起相伴才會完整的念頭油然而生。

我跟親家公的事浮上檯面後，給了秋婷很大的鼓舞！

我想幸福的氛圍是會感染的，後來我們四個人生活在一起，雖然都帶著一顆曾經破碎過的心，但彼此相伴的溫暖讓我覺得「不幸」的陰霾已經漸漸的遠颺，開朗清爽的情緒讓這個重新建立的家庭活了起來。

果然秋婷很快的走出離婚的陰影，在夜市租了個攤位做起生意來，一開始當然又累又忙，但踏實的生活讓她變得更有自信了，而我跟親家公則會幫忙帶帶孫女，好讓她無後顧之憂。

「女兒啊，有對象的話千萬不要錯過喔！記得爸說的話，不是妳不好才離婚的，只要把心扉打開，全然的接受自己的所有遭遇，然後順其自然的往下走就好了！」

「對啊，離婚有什麼關係，妳看我跟妳爸都這個年紀了還能相愛、還敢同居，管那些不相干的人說些什麼，我們是真正痛過才更知道愛究竟是什麼！」

我跟親家公時常這樣鼓勵著秋婷。

此刻，我深情的看著親家公，大聲的說出：「我願意！」

然後望向秋婷，看著她跟不是我兒子的男人深情的親吻著互定終身，而我呢？繞了一大圈竟是跟媳婦的父親結為夫妻，想想緣份這件事還真是不可思議！

婚禮前跟兒子簡短的通了個電話短暫的聊了一下，他告訴了我在大陸有了兩個兒子，目前定居在上海，有空的話會帶孫子回台灣來見奶奶的，並帶了份祝福給我跟秋婷。幾分鐘的對話裡，我們母子間平淡的像多年不見的老朋友般，其實生命的航向早已分道揚鑣，此刻牽繫著我們的似乎只剩下血緣裡的連結而已。

看著孫女可愛的模樣，再想想在對岸那兩個連見都還沒見過的孫子，我想如果沒有歷經如此獨特的生命際遇，也許現在的我還會為了擁有的是孫子還是孫女而高興或操心呢！但事實是，能夠陪伴在身邊、能夠擁有真心的關懷與愛的就該好好的珍惜才對。

過世的丈夫還有現在只剩下陌生的兒子，這兩個曾經是我生命中最愛最驕傲的兩個男人，似乎我們是沒有緣份一同相伴走到生命的盡頭，但如果不是因為他們，我又怎能跟現在的幸福相遇呢？

管他是女兒、兒子還是媳婦，管他是不是離過婚還是喪過偶，只要能夠一同品嚐出幸福的味道，那就夠了！

（此短篇小說完結）

養兒防老？養兒子真能防老？
為什麼要生兒子才算五子登科，
那女兒算什麼？

# 3-1 女男平等只是表相，不然為什麼要生兒子才算五子登科？

兒子的誕生代表著家族香火的延續，女兒則被認為是賠錢貨，嫁出去就變成別家的人！所以如果生不出兒子，甚至會被冠上不孝的罪名，所謂不孝有三，無後為大這麼可怕的緊箍咒套在後代身上，實在令人驚駭，又有幾個人能看的破。

就像「我永遠的女兒」故事中所說的，大家嘴巴上偽善的說生男生女一樣好，但其實心底都有個沒生出兒子的恐懼。其實女兒貼心、善解人意、可愛、美麗這是大家都知道的事，所以當父親的希望有個像老婆那麼貼心的女兒，而母親也一定希望有個女兒來分享自己的人生，這樣才不會覺得孤單遺憾。

因為畢竟很多事是有性別差異的，一般來說兒子喜歡車子、戰鬥機、變形金剛、看球賽、研究三c用品，但這對做媽媽的卻是一點興趣也沒有。如果換做是逛街購物、把自己弄得美美的、買精品，這些都是女兒才能分享的，那麼這麼說來應該是兒子女兒一樣好才對，但傳宗接代香火延續的觀念一手掐住了所有人，所以生了幾個兒子生不出女兒的媽媽跟生了一堆女兒卻生不出兒子的媽媽，不論在心理上或是輿論壓力的承受上是完全不同的，雖然同樣是少了另一種性別的孩子，但觀感上卻是差很大。

「我好想有個女兒啊！」跟「好想有個兒子啊！」，前者聽來像是在炫燿，後者恐怕只做不說來的好，以免觸景傷情徒增悲涼。

更可惡的是，過往還有一堆男人說什麼因為老婆生不出兒子而娶小老婆的事，而且竟然大多數還都是婆婆的主意，這又是女人毒害女人的最佳案例。其實這不都是男人好色藉口嗎？就算生了兒子還不是養情婦包二奶。

難怪有人諷刺的說：哎呀，男人就是男人，牽到北京還是一樣啦！

## 3-2 孩子是母親懷胎十月辛苦生下來的，為什麼不能正大光明的從母姓？

只有生兒子才能傳宗接代？為什麼會有重男輕女的觀念？其實關鍵就在於女人懷胎辛苦生下的孩子，不管辛苦幾次，孩子理所當然的跟父親姓，明明是母親的整個生命與孩子緊緊相連，最後卻連孩子姓氏的決定權都沒有，這是什麼道理？

還好，在女權鬥士的多年奔走下，民法親屬編一千零五十九條子女姓氏規定自二〇〇七年五月二十三日起，修改子女姓氏由父母書面約定，不再以從父姓為原則。雖然修法只修改了一半，成年子女尚無法自行決定改從母姓，但至少宣示了以後面對所有的未成年子女，父母都有慎重思考選擇姓氏的權力，這意味了在多元家庭的台灣社會裡展現了多元姓氏的選擇空間。

但是該法實施屆滿一年後有調查發現，夫妻雙方約定從母姓僅百分之一點三，有超過六成的準爸媽表示，不會讓子女從母姓。對此婦女新知基金會董事長指出，新法雖賦予新選擇，但是社會觀感與刻板印象仍難以改變，認為只有在入贅或夫妻離異、未婚生子等狀況下，才會選擇從母姓。

依調查發現，雖然有六成多的準爸媽贊同子女姓氏由父母約定，但是也有六成二的父母認為不需要，以及依循傳統的理由而不會讓孩子從母姓。

雖然實際的執行與觀念的扭轉仍然遭遇相當的困難，但至少對破除長年來男尊女卑的偏差觀念有了關鍵性的邁進！

其實，隨著少子化與都市化的演變，組成家庭的目的已經漸漸不再以工具性的傳宗接代當成首要任務，而是重視家庭生活的實質品質，家人間衍生出來的親情是沒有任何東西能夠取代的，至於姓什麼、是女兒還是兒子就變的不是那麼重要了！

# 3-3 憑什麼事事必須「夫家優於娘家」？「女兒除夕回娘家」您覺得如何呢？

「嫁出去的女兒就像潑出去的水！」

「嫁出去之後沒事不要往娘家跑！」

「除夕初一回娘家的話會帶衰娘家的喲！」

「夫家的事必須擺在第一位，娘家的事最好不要管！」

這都是傳統的一些說法，不管對不對，沒辦法，一直以來就是這樣，而且老一輩的都這麼認為。但問題是，這些講法沒有一個是合情合理合乎人性的，但又有誰敢勇敢挑戰呢？

挑戰什麼呢？就是千百年來宰制女人的「父權體制、夫家文化」，但偏偏捍衛這些觀念的有一半以上還是曾經被此毒害的婆婆們，當她是媳婦的時候為娘家擔心煩憂，卻被夫家必須優於娘家的觀念壓的忿忿不平，無奈也只能偷偷在暗地裡哭泣，一直等到千辛萬苦的生出了兒子後才得到了救贖。

但是父權體制的毒素卻不知不覺的內化到心中，漸漸的等到媳婦熬成婆後竟然會繼續捍衛著這個原本敢怒不敢言的體制，依尋一堆莫名奇妙的說法來嚇唬女人，於是女人繼續用力的為難女人，而男人則繼續高枕無憂的享受他的既得利益！

作家鄧惠文在「寂寞收據」的著作裡有一篇名為「除夕回娘家」的章節犀利勇敢的討論了這個問題！

文中提到了現在的婚姻與家庭模式已經大幅改變，許多家庭只有女兒，但是傳統的夫家文化抓住了女人心繫父母家人的弱點而發明了「除夕初一回娘家會給娘家帶來厄運」的說法來恐嚇威脅。但是如果只有女兒的家庭，除夕夜出嫁的女兒卻必須伺候著子孫滿堂的公公婆婆，那麼她與她的父母親會是什麼樣的心情呢？

試想，現在少子化的情形已經相當普遍，那麼如果獨生女遇上了獨生子而且結了婚，到了過年除夕圍爐吃年夜飯的時候，到底該在哪邊過呢，是一定要被傳統莫名奇妙的說法要脅綁架，還是可以有另外的折衷方案呢？

我想在五子登科的兒子篇章裡討論這個問題是非常重要的，因為「必須生兒子」是整個問題的關鍵，而「女兒除夕回娘家」似乎是挑戰行動的開始！

傳統並不是都不好，但一定要講道理的才必須奉為圭臬不是嗎？

# 3-4 希望兒子娶好、事業大、子孫多 希望女兒嫁好、穿好、幸福快樂、不委屈

這段標題所寫的對兒子女兒的希望我想大多數的人應該都是同意的，那麼問題就來了，希望就代表一種價值的看法，那麼難以否認的，「男人是主體，女人是附屬於男人」這樣的觀念還是普遍存在一般人的心中，也許那是充滿偏見的、傳統的、狹隘的，更或許你覺得不是滋味或是不以為然，但至少這是個目前客觀存在的事實。

接下來我就說個故事，那是一對兄妹的內心獨白，彼此間互相羨慕對方，以此來說明兒子女兒間背負著不同的責任與期待！

我好羨慕我小妹，偏偏我不才又是是獨子，從小父母對我期望很高，而且我父親的事業做的很大，他一直期待把事業交給我繼承。從小我的課業還不算太差，學生時期還能敷衍住父母的期望，但畢業後還是挺不住壓力勉強的學習經營企業的工作，老實說那是一段很痛苦的歲月，明明毫無興趣，卻得為了別人的期盼而欺騙自己，後來公司被我弄到差點

倒閉的命運！

於是我又莫名其妙的多了一條敗家子的罪狀，但我又沒有四處揮霍，只是把我原本就不想接手的事情搞雜而已。其實從小我就熱愛看漫畫，但是我不是只有看，而是有吸收進去，後來漸漸的發現自己其實有滿肚子的創意，也願意琢磨畫術，但父母一直說這種東西當作休閒看看就好不要太認真，一直灌輸我男人就是要賺大錢、掌大權，但我對這些真的是提不起興致，只想成為一個出色的漫畫家。

我真的覺得重男輕女的觀念真的很要不得，父母都把自己的期望灌到子女身上，如果問我為什麼羨慕小妹呢？我只能說我好希望自己是個女兒就好了。大家都希望兒子娶好、事業大、子孫多，但對女兒來說只希望嫁好、穿好、幸福快樂、不委屈。

這樣一對比起來兒子的壓力真大，而偏偏我這個小妹從小就精明能幹，一路當班長、班代、系學會會長，出了社會後也是事業心很強，當時媽媽就擔心她會因為個性太強勢嫁不出去，後來妹妹也聽勸收斂了一下，果然就找到如意郎君！但婚後她堅持要工作還鬧了好大的風波。現在好了，爸的事業由她繼承管理，而且做的有聲有色的，而且我覺得她接手後變的好開心每天春風滿面的，誰說女兒就該相夫教子，兒子就得背負沉重的擔子，男人想「做自己」難道就是罪過？

繼承父親的事業後我變的很快樂，握有權力、能夠掌控大局的感覺我真的很喜歡！

其實從小我就有點男性化，不光只是外表，就連個性也是，有很強的權力慾望，想掌權、想要世界臣服在我之下。

這個情形媽媽曾經非常擔心，她說我沒有女人味不愛打扮，這樣會沒有男人喜歡到時候嫁不出去變成老處女就完蛋了，於是在父母的壓力下我稍微的做些打扮，雖然算不上是什麼美女，不過還看的出是個女人啦。

我很忌妒男生，更羨慕大哥所擁有的。父母一心要把家業給他繼承，可是他還生在福中不知福，說什麼沒興趣啦、壓力大啦，我就吐槽他說多少男人會羨慕死你，很多人沒有家業可以繼承，必須要白手起家的打拼才能有一點點的成就，而你可以做現成的小開還生在福中不知福！

但大哥只是感概的說：「唉，你們女生是不會懂的。」

後來漸漸的了解他的內心世界，我看的出來，他努力迎合父母的期望，盡力的拿到企管碩士的文憑，後來爸媽逼他接掌公司，更逼他跟另一企業的千金結婚，這一步步他都撐的好辛苦。

我接公司後他卸下了原本就沒有意願扛的擔子，現在很用心的在做動漫創作，下個月就要跟大他五歲的漫畫家結婚，父母也從本來的排斥反對到後來的欣然接受，真是所謂的苦盡甘來。

這不像一個獨子該有的人生，但其實哥也只是想「做自己」而已！

我就幸運多了，遇到一個平凡的上班族老公，他有點像我大哥，沒有什麼強烈的權力企圖心，沒有什麼大成就，但是很愛我、很愛家，更不會阻止我去做大事、攀大位，也許我們就是這樣彼此互補才會彼此欣賞吧。

我們真是對另類的兄妹，如果能夠互相交換性別那該有多好，也許就不會吃那麼多苦了。

看完這對奇特兄妹的故事可以讓我們了解到，其實兒子女兒都有社會窠臼的觀念限制，這是不可能完全去除的，畢竟男生就是男生女生就是女生本來就不一樣，怎麼可能完全平等，重要的是在合理範圍下能夠有較大的空間能夠「做自己」這才是重要的。

大家希望男人要做大事，希望女人順從，男人是主體，女人是依附於男人存在的，這個情形雖然逐漸改善，但仍然存在！

就像為什麼女人結婚後要變成某某太太，明明他就有自己的姓氏，是某某小姐，結了婚就要成為先生的附體，這不是很不公平嗎？我也問過很多女性友人在婚後希望人家叫你太太還是小姐，五個有四個會說還是想稱小姐，但若是到了中年還被叫小姐又怕被誤以為沒有結婚，這些不甚合理的性別差異仍舊牽絆著大多數人的想法。

但話說回來，男人相對的要負的責任就很重，有成就大小的壓力，有沒有出息就變的很重要，頭銜、職業、地位、收入、房子、車子變成了審判男人身價的主要標準，所以有種毒蛇派的言論比喻說沒有錢勢地位的男人就像長相抱歉的恐龍女一樣悲哀，這個比方真的很毒但卻最貼近現實。

當然男人獲得比較豐厚的社會資源，而女人相對的就少的多，但要求就小的多，只要嫁好、穿好、幸福快樂、不委屈就好。

不過近年來有越來越多的女性突破了限制，在各個領域展露頭角，女ＣＥＯ、女導演、女市長、女總統、女人權鬥士，同樣的也可以看到許多男人背著小孩推著嬰兒推車，一附新好男人的模樣。

但是，希求男女平權的同時，我們都該問問自己，如果妳是女人，能否接受一個愛家體貼但地位收入平凡的沒出息男人嗎？還是妳想他既要有錢有勢又要愛家體貼呢？

如果你是男人，能否接受女人展現家庭之外的事業企圖心？錢賺的比你多？地位比你高？衡量女人能夠撇去用容貌外表身材的物化評斷標準嗎？

誠實的問問自己吧？我想大部分的人都是既想享受眼前的特權，又想要對方做出讓步，但是男女平權的進步卻是一定要各自放棄一部份目前所享受到的才有可能，否則如果兩者都要，那只能說是站在自私的立場喊平等，講來講去只是捍衛自己罷了！

記得電影「楚門的世界」裡金凱瑞所飾演的主角楚門嗎？他從一出生就活在電視製作人替他構築的虛擬世界裡，生活週遭的一切都是Live實境秀所建構出來的，後來他漸漸的發現了這個事實想要逃出去，就在逃到虛擬世界的邊境時，他與創造他的製作人有段精彩的對話。

「我是誰？」

「你是主角啊，楚門！」

「什麼都是假的。」

「你很真實，所以才這麼好看。」

「你很害怕，所以你離不開！外面的世界比我虛構的世界更不真實，謊言、虛偽一樣存在，但在我的世界裡，你不必害怕！」

後來的結局當然是楚門勇敢的跨出那一步，離開了虛構的世界。

我一直很喜歡這段劇情所隱喻的人生價值，它譬喻了人類世界裡的真實與虛假，時常我們以為是真實的東西其實根本是虛假的，只不過是大家都追求所以變成真的，而虛假的東西時常是大家都說它是假的所以才變成假的，以至於造成我們不敢去追求，也許自己覺得是真實的，但在現實裡又有幾個人能夠勇敢的衝破現實套在身上的虛假呢？

也許，平凡如你我都不夠勇敢，但至少，當在我們生活的周遭出現了勇敢追求真實的人，千萬記得要替他們加油喔！

# 3-5 養兒防老？養兒子真能防老？來看看德泰的故事

另一個根深蒂固的迂腐觀念就是「養兒防老」了，也就是認為只有生兒子才能讓自己在老年的時候有所依恃！

針對這個觀念，我來說一個發生在德泰身上的真實故事。

德泰是個牙科醫生，收入不錯也有很好的社會地位，也許是因為他出身在傳統的農業家庭，因此「重男輕女」、「養兒防老」的觀念在他心中牢牢的矗立著。

婚後老婆連生了兩個女兒，害他著急了好一陣子，還好再接再勵的第三胎終於生了兒子，這才讓他鬆了一口氣。

另外他還有個崇洋的移民夢，也就是所謂外國的月亮比較圓的想法，所以認為這輩子一定要變成美國人，不然至少也要有綠卡，而且兒子一定要從小就在國外念書，這樣才能完全融入西方社會成為真正的西方人。因此，國中畢業後就把兒子送到國外當小留學生，至於兩個女兒，他則是很偏心的覺得留在台灣讀書然後嫁人就可以了。

就這樣，兒子如他所願的在國外一直讀到博士，而且有一份很好的工作。更讓他高興的是，兒子娶了洋媳婦，最後終於可以如他所願的成為美國爺爺。

但是，因為兒子從小就離鄉背景寄住親戚家，因此可以說是聚少離多，青春期的時候父母都不在身旁，沒有共通相伴的回憶，所以後來當德泰夫妻搬到美國跟兒子一起生活的時候才發現，時間與空間拉出來的距離創造出難以言喻的「陌生感」，不知道彼此的喜好，沒有成長過程的共通記憶，親子間可以說是沒有交集的兩個世界！

再加上兒子完全的接受西方的思想，又娶了洋太太，因此在行為上、態度裡完全不吃東方這套養兒防老的觀念，所以也不認為孝順是什麼必要的舉動，於是還住不到一年，德泰夫妻就碰了一鼻子灰的回來台灣。

反而是德泰的兩個女兒，雖然不受到重視，沒有受栽培出國，但循著國內的升學管道，也都很爭氣的都讀到了大學學歷，畢業後都有一份還算不錯的工作，然後平凡的結了婚有了自己的家庭。

德泰怎麼也沒想到，中老年後真切的陪在他們身旁的竟是兩個從小不受重視的女兒，逢年過節一起吃飯、帶著外孫去近郊散心旅遊、去醫院做健康檢查，甚至清明掃墓祭祖都是女兒女婿在張羅幫忙的，而最寶貝的、最重視的兒子卻無法也難以一起生活，一同感受生老病死的時時刻刻！

曾經以為唯一的兒子有多寶貝、有多了不起，以為變成美國人這輩子就值得了，所以硬是把原本處在同一世界的親情割裂成再也不能相契合的兩個世界，到頭來卻只換來心酸。

終老前，德泰的兒子果然是一次也沒回台灣，最後兩個姊姊與弟弟見面的場合竟是在德泰的葬禮上！就這樣，匆匆的走完儀式，又匆匆的飛回了美國。

現在每年清明時節會到他的墳前慎終追遠是他那兩個女兒，而那個最寶貝最寶貝的兒子，已經是個道道地地百分之百的美國人了！

想想看，是不是很諷刺呢？

## 3-6 「媽媽，我老的時候，不要妳不見了去天堂！」親情的相依與溫暖才是重點，管他是女兒還是兒子

真的，生幾個兒子幾個、幾個女兒，甚至不是親生而是領養的這都不是那麼重要，而是養孩子衍生出來的「親情」豐厚了原本相形單調的人生。

我引用一段我老姊與兩個寶貝兒子互動的內容來說親子間的微妙關係！

一日的晚餐時刻，老姊與兩個寶貝兒子一同用餐，邊吃邊聊到自己洗澡的事，老姊以鼓勵的口吻跟大兒子說：「哥哥你好厲害，現在大班就自己洗澡，媽媽好像到小學二年級才自己洗，之前都是外婆幫媽媽洗的。」

後來哥哥說，「媽媽妳好好笑，那麼大了還不會自己洗。」

接著我姊就舉例說有些人即使是大人了，還是沒辦法自己洗澡，需要別人的幫忙，像是媽媽老的時候，也有可能會需要你們的幫忙才能順利的洗澡。

「媽媽那我老了，誰來幫我洗呢？」哥哥問。

「可能是你的孩子吧。」

「那我老的時候，媽媽呢？媽媽能再幫我洗嗎？」

老姊想了一下回答說：「那時候媽媽可能已經在天堂了！」

而整個談話的過程，弟弟一直在旁默默的吃著，讓人以為他並沒有在聽哥哥跟媽媽間的談話，沒想到過了一會兒，弟弟抬起頭來用泛著淚光的眼神看著媽媽說：「我老的時候，不要妳不見了去天堂！」

原來，三、五歲的小孩其實都懂。老姊說當時她的眼眶也瞬間變的溼溼的，她對弟弟點點頭，然後在心中記下他這句話。

先前哥哥在不到兩歲時看過一本繪本，內容是描述父母因故離開子女的故事，當時還不大會說話的孩子，聽完故事後抱著母親一直哭說他不喜歡。

其實親子之間的情感，在初始因為孩子無條件的需要父母，因此在需要與被需要的交互作用下，情感的質地在頭幾年會不斷的累加，但是那個無條件需要被愛的孩子會隨著時間漸漸長大，慢慢的他們會在心中衡量，父母把他們放在心目中的什麼位置。

所以後來老姊很感性的說，希望用自己還能富有的時間給他們，在他們需要我陪伴的時光。因為終有一天，他們會夠堅強，自己前行到想要體驗的世界。

所以，其實，親子間的愛，最令人難忘的就是出生到小學的那段日子，因為這段歲月裡有太多的第一次可以體驗，也因為孩子對你的絕對需要，讓做大人感受到被需要的責任感，因而產生了既甜蜜又親密的親情觸感！

我想很多家庭一定是這樣的，當孩子還小的時候，家庭生活必定是多采多姿的，環島、出遊、出國、露營、烤肉等等，但一旦孩子大了，想要一起吃頓飯都是萬分的困難。小的時候，是因為孩子需要你而讓親子間的關係緊緊相繫，就那幾年所累積下來的回憶，足夠父母一生回味、反覆咀嚼。

想想看，如果不是孩子吵著要去哪、要陪他們做作業、想看到孩子體驗新事物臉上溢出的天真可愛模樣，也許你這輩子再也不會有這樣的人生體驗了。

像我老姊就說，學生時代結束後對很多新的事物已經缺乏再嘗試、再體驗的勇氣，如果不是孩子，自己不大可能跨出現有的圈圈再去體驗這些事。

比如說露營好了，夏天熱的要死又怕被蚊子叮成紅豆冰，冬天又冷的要死整晚發抖睡不著，還不如住飯店來的舒服愜意。

烤肉呢，光生火就要花個一小時，然後又烤焦了一大堆，最後餓的半死只好吃土司果腹，還不如去大餐廳吃buffet，有服務氣氛好菜色又多。

看跨年煙火呢，頂著大寒流人擠人的，尿急想上廁所竟然要排個二十分鐘，，結果沒卡好位置只看到幾團黑煙，還不如待在家裡看電視，角度好又清楚還有音樂陪襯……

這些舉都舉不完的例子，當你到了為人父母的年紀時，如果不是孩子吵著要去，你還可能有動力重溫年輕時瘋狂過的事嗎？這些都是親子間因為需要與給予所迸發出來的美麗色彩，而這些彩色般的回憶，只有在養育孩子的親情裡才能真實的累積，至於究竟是兒子還是女兒，似乎已經不是重點了！

# 3-7 有子有子命，無子天註定

其實，不論是生兒子或是女兒，又或是你很幸運的兒子女兒都有，其實這都是上天的恩賜，只能努力但不能強求，一切都必須隨順因緣。而現代更有許多不孕或是太晚婚而沒有生孩子的夫妻，最後他們選擇領養孩子，雖然不是親生的，但是只要有了愛的傾注、愛的灌溉，不管是女兒、兒子、養女、養子，這都是愛的延續，繼承了親情的種子，更豐厚了我們的人生。

尤其，千萬別把無私的親情不由自主的變成了炫耀虛榮的工具，把兒子女兒當成一種面子、一種成就、一種與別人比較輸贏的籌碼。

「我要我的孩子讀醫學院。」

「我要他將來變成律師、法官、檢察官。」

「我要送他到國外留學、讀哈佛、變美國人。」

於是孩子的「我的志願」其實是父母的志願，是希望孩子達到自己希求的目標，如此這般的孩子才能成為自己的驕傲。

但是回過頭來想想，栽培一個孩子，養兒育女的最初目的是什麼呢？我想應該一切還是回歸基本面吧，真真切切的生活、一起體驗成長過程裡的每個時刻、共伴生老病死，這才是親情的最高價值，更是五子登科裡「兒子」這一科的新時代意涵！

# PART 4

# 銀子篇

# 前言

談到「銀子」，這似乎是五子登科裡最實際的部分，因為沒有了錢就無法生活下去，而且一般的市井小民終日奔波也是為了衣食的溫飽，說來說去每天都是為了錢的事在煩惱。

甚至說的露骨一點，有了銀子才比較有可能陸續的擁有妻子、兒子、房子、車子等，因此銀子可以說是五子登科的基礎。

古諺說：「人為財死，鳥為食亡。」這也似乎道盡了人們迷戀錢財的天性，沒有人會嫌錢多的，多多益善最好。但是古人又說：「錢生不帶來死不帶去。」也就是說當我們離開的時候，是一毛也帶不走的。

不過雖然說是這麼說，但又有幾個人能真的看開呢？

因此，該擁有怎麼樣的「金錢觀」才是健康的呢？先邀您閱讀「銀子」篇的短篇小說「天上掉下來的……」

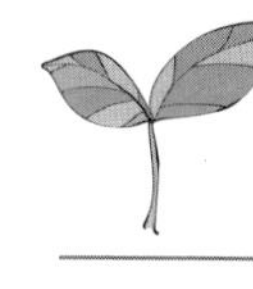

# 「天上掉下來的……」

我不知道為什麼人生會走到這一步，為什麼跟我期望的會差這麼多呢？我到底做錯什麼了？只不過是想賺更多的錢，不想過上班族朝九晚五的貧乏生活而已。我想當王永慶、郭台銘、張忠謀那種有錢人，於是我朝著理想去邁進，如今卻落的這個下場。

「難道沒有其他的方法嗎？」老婆帶著含淚的眼眶望著我。

我難過的擁她入懷，然後相偎在一起。

「目前也只有這個方法了，可是老婆妳一定要相信我，這只是暫時的，等情況好轉，我就馬上再跟妳求婚，我們馬上再去把婚結回來，現在只是形式上的離婚，可是彼此的心意都沒有改變，對吧？」

我們淚眼汪汪的看著彼此，然後好好的再溫存一次，因為明天一早，我們就不是夫妻了。不能守護心愛的女人對一個男子漢來說真的是莫大的恥辱，世上多的是名存實亡的夫妻，但像我們這麼恩愛卻必須除去夫妻名份的事實，真的好不甘心、也覺得好不捨！

可是我會這麼做也是不得已的。就在一個月前，自己創業的租車公司財務陸續出現缺口，可能是因為擴張太快，也可能因為對手削價競爭，總之這都是商場上爾虞我詐的伎倆不足掛齒，後來黑洞越來越大，到期的票陸續跳票，公司撐不下去只能宣告倒閉，還好我在法院查封房子前先過戶給妻子然後離婚，不然債權人跟討債催收的人天天來家裡公司大吵大鬧，弄得人心神不寧都快崩潰了。

記得幾年前金融海嘯席捲的時候，自殺的社會新聞多到令人麻木！媒體當然不能鼓勵自殺，因此都會打出一些鼓勵人的話語：「要珍惜生命」、「沒有解決不了的事」、「只要面對烏雲就會過去」等等，比較刻薄的言論還會咒罵自殺的人是懦夫、沒種、不負責等等。

但是現在的我卻深深的感受到，欠債真的會把人逼上絕路，如果不是有著愛妻的牽掛，真的有過一了百了的念頭。

該慶幸的是當初不是跟地下錢莊借錢，所以跟我討債的至少不是赤龍赤鳳的黑道大哥，沒有用恐怖的方式，只能稱的上是「催收」。想想那些被暴力恐嚇討債所逼迫的人遭逢的恐懼，真的是比死還痛苦。死頂多痛個幾分鐘就罷了，但恐懼這種東西，無盡無垠，就像沒有了希望永遠看不到陽光一樣，沒有尊嚴的活著，連吃飯睡覺都算奢侈、都在害怕。

這一切不都為了「錢」嗎？

在當老闆創業之前，我是個司機，繼承著父親空下來的職缺。

記得從小時候時常坐在黑頭車裡跟著老爸東奔西跑的，他雖然是司機，但不是一般什麼計程車、公車或是巴士的駕駛，而是某家大企業老闆的私人專屬司機。

爸爸跟的這個老闆也實在不簡單，原本只是經營大概二十多人的工廠規模，後來步步為營的漸漸擴張，到現在雖然不是郭台名那種呼風喚雨的首富，不過前五十大的有錢人是一定排的進去。

所以囉，我從小就是在有錢人身邊看著有錢人長大的，看著爸爸每天載著他們在不同的飯局裡穿梭，周旋在好幾個情婦之間，跟有地位有權勢的要角打小白球，這樣的生活讓我非常的羨慕。

我常常在想，我是司機的兒子，難道一輩子就是當司機的命嗎？

就算再怎麼努力，還是只能嚐有錢人啃剩的骨頭，喝喝他們剩下來的湯，社會是不公平的，有錢的人永遠有錢，沒有錢的人生是黑白的，我嚮往有錢的生活，我也要當老闆、買豪宅、開名車。

唯有有了錢別人才會看的起你！

只是，對照我現在的處境，難道是我太貪心了？想起當時要出來創業的時候，好幾個運將朋友跟我說：

「做生意風險很大，你現在幫大老闆開車不好嗎？」

「你真是生在福中不知福。」

「領固定薪，而且待遇又不低，哪像我們開計程車的，常常因為天氣太好都沒生意，根本就是看天吃飯，你還真是不知足。」

現在想想他們說的其實也沒錯，當有錢人的司機，其實薪水也不差。我的朋友裡有幾個是計程車運將，也有幾個是開巴士的，他們都很羨慕我，並且都說幫有錢人開車只不過是要二十四小時stand by，但可以近距離的跟有錢人接觸有什麼不好的。

但是我不只想近距離的服務他們，我想變成他們，我有志氣，不甘於眼前所有的，可是走了這一遭後才發現，原本的志氣，現在變成罪過，到底有錢是個什麼感覺，要有多少才夠呢？一千萬？一億？

其實我自己也不知道？

野心太大難道錯了嗎？

人不是因為有夢想而偉大嗎？為了實踐夢想但摔了下來人們就會說你是好高騖遠、不切實際。但若是一直安於現狀就變成了沒有進取心的沒出息男人。

唉，總之都是沒錢惹的禍，如果我是有錢的少東小開，根本就不需要擔心這種事了。上天還真是不公平啊！

現在反省起來，老闆人人都想當，借個錢來燒就可以變成老闆其實沒什難的，但是要當個能賺錢的老闆那可就不容易了，就算在夜市擺個攤能賺錢那也要有點本事才行。

我想要經營租車公司，這當然需要資金，一開始先跟銀行貸款，但是經營一陣子之後評估必須要再擴大規模才能因應市場競爭，所以原本的資金還是不夠，於是就必須再去借錢。

借了再借、貸了又貸，但到底何時休呢？什麼時候才能上軌道賺大錢變成王永慶呢？

可是做生意就是這樣，只要一頭栽進去後就很難退出來，遇到瓶頸需要資金當然要再籌，怎麼可能就此放手呢？而且更希望的是一加一等於十，問題是一加一永遠是等於二，這是數學，是恆久不變的定律，並不會因為慾望的冀求而改變。

但是，沒有冀求的慾望不就是沒出息嗎？一個沒有企圖心的沒出息男人活著要做什麼呢？

可是，現在的我卻是破產的下場，後有討債追兵直直進逼，往前看沒有任何希望，只有幾輩子也還不完的新台幣。

老婆先回娘家避風頭，房子雖然因為假離婚而勉強保住，但我也不敢住進去，因為欠債的人就像小偷一樣，好像見不了光，有種永恆的歉疚感，像是對不起這個世界似的，只能苟延殘喘的活著。

晚上要去哪睡呢？騎樓下？地下道？公園裡？

下一餐還要吃泡麵嗎？還是到便利商店要個過期的便當呢？

這些竟是我眼前要擔憂的問題！

身無分文的還我能做什麼？再去開車嗎？誰會用我呢？該怎麼辦呢？想著想著越想越難過。但此時此刻，浮現在我腦海裡的卻是先前當司機的那段日子，雖然不是叱吒風雲的大人物，但至少還有個溫暖的家可以回，開完車後可以看到心愛的老婆，吃她親手煮的愛心宵夜，這些事都是那麼的幸福，只是當時為什麼都沒感覺到呢？

可是，一切已經太晚了，來不及從頭了。

還好現在是夏天，隨便睡在公園的一個長椅上就能渡過一個夜晚，只是時常蚊子會一直來攻擊，以至於總是無法睡的很沉，大概清晨五點太陽升起後，城市裡機器的噪音聲漸漸揚起後我就再也睡不著了。

醒來後我依舊無意識的亂走在清晨的街上，整個城市好像被大霧籠罩著，有些朦朧，雖然已經破曉，但卻有股夢境般的飄忽，連我都有點不知道我到底身處何地？

突然間在我眼前出現的，竟是一個送報的老伯。

一輛破到不能再破的腳踏車，車後綁著一大疊的報紙，可是老伯看起來年紀很大，騎起車來感覺非常吃力，我心想派報社會不會太虐待老人了，還是老人窮到不送報無法生活嗎？

就在我無法理解這詭異到不行的情景時，老伯就在我面前摔了車。

「唉呦，天啊怎麼這樣？」

我趕緊衝向前去將他扶起。

「老伯您沒事吧？」

隨後我把倒下的腳踏車架起來，然後幫他撿起散落一地的報紙。

「年輕人，謝謝你啊。」

「沒什麼，我只是舉手之勞啦。」

「我實在不知道該怎麼謝謝你？」老伯看了看那疊報紙，「我也沒其他的東西，只能送你一份報紙吧。」

說完老伯隨手抽了一份報紙遞到我手裡。

「可是，沒關係嗎？這不是您要送出去的？」

「派報的時候我都有多拿幾份，沒關係的。」

我跟老伯道謝，然後目送他離去。

我意興闌珊的隨意的翻開報紙，只是亂翻，心底的意識還沒跟上。

亂翻幾頁後眼裡的訊號才傳到腦袋，我才有點驚訝的翻回頭版。

天啊，真的是大新聞，原來是發生了空難啊，真慘，兩百多人罹難！

於是我稍微認真的掃過內頁的報導，看著看著，我起了很大的疑惑。我仔細看著報標上寫的日期是二十二號，可是今天才二十一號啊，怎麼可能呢？這是明天的報紙啊，而且還發生這麼大的災難呢。

真是一頭霧水，於是我趕緊追上老伯，還好他的腳力真的很慢，我小跑步沒多遠就追上他了。

「老伯！老伯！」

他在一棟豪宅前停了下來。

「哎呀，年輕人，我正要找你，拿錯了拿錯了。」

「什麼？」

「你手上的那份報紙，拿錯了。」

「可是，這是明天的，怎麼會有明天的報紙呢？」

「這，我…我…」老伯有些支吾其辭，面有難色的說：「這份報紙是這個信箱指定的，就只有這一份，這是秘密，真是不小心被你看到了！」

「老伯，你的意思是這家人都看明天的報紙？」於是我抬頭仔細的看著眼前的這棟房子，是一間獨棟的三樓豪宅，庭前有一片美輪美奐的花園，一看就是超級有錢人在住的。

「這邊到底住什麼人？」我問。

「其實，這棟豪宅根本就沒有住人，但是有請人每天過來打掃。」

「可是為什麼只有這棟豪宅、這個信箱送的是明天的報紙，這到底是怎麼回事？」

「這⋯」

「到底為什麼？太詭異了吧？」

⋯⋯

「可是老伯你沒看嗎？明天有大空難耶，既然我們現在知道了，難道不想辦法救那些人嗎？」

老伯淡淡的說：「那是明天的事，把今天過好最重要，是不是？」

「可是明天會有兩百多個人罹難耶。」

老伯仔細端詳我的面容後說：「年輕人啊，雖然你遇到很大的困難，不過心地還是這麼的善良。」

我心想，我破產假離婚的事難道有寫在臉上嗎？

「老伯你怎麼知道呢？」

「我看的人可多了，其實人的境遇都會刻在臉上的，你一定是事業跟家庭都面臨很大的考驗吧？」

「老伯您到底是誰？」

「你看不出來嗎？我就是個送報的老伯，剛才還跌倒你幫了我一把，就是這樣啊。」

我還是一臉疑惑，老伯繼續問我：「看到明天的報紙，你有什麼想法？」

「時間地點都知道了，當然要想辦法救他們啊。」

「嗯，這是上天為你開啟的另一扇門，想怎麼做就去做吧！也許這就是上天給你的一次機會，但是一定要記得，就這一次，就只有明天的報紙被你看到，就這一次，記得自己是為什麼會落到今天的下場，一定要記得喔。忘記我，忘記這裡，忘記這個信箱，忘記這棟豪宅。不然你又會回到原點喔！」

我聽在耳裡，但可能是慧根太低，有些話實在是不懂他的意思，當我還在意會的時候，才只是一下子的時間，老人竟然一溜煙的就不見了。

他不是年紀很大嗎？腳程很慢單車又舊，怎麼一不注意就不見蹤影了。

正當我看著報紙仔細讀著飛機失事的人事時地物要展開搶救行動時，眼角視線掃過報頭右側的樂透中獎號碼。

我心想，這樣應該不為過吧，而且就這一次，跟救人是一樣的道理，行動就對了。

果然，人算不如天算！

我殺氣騰騰的衝到機場要阻止失事的航班起飛，可是一時之間竟然沒有人相信我，航管人員問我為什麼會得到這個情資，我心想，總不能跟他們說我在路上遇到一個老伯，然後看到明天的報紙吧。

大概也是因為我講的支支吾吾的，警方一方面覺得我怪怪的，但是又不敢大意，於是把我先押在機場警察的拘留室裡，一待就是十幾個小時。

「飛機被炸的支離破碎，現場一片火海，所幸無人傷亡，是不幸中的大幸！

這都要歸功於神秘男子所提供的神秘情資。警方是在早上十點多接獲一名男子報案，宣稱透過獨家管道掌握關鍵資訊，宣稱傍晚要飛往美國的越洋航班被放置難以偵測的隱形炸彈，如果航班起飛將會引發空難。

警方接獲報案後一方面不敢大意，但對神秘男子的供詞也抱著半信半疑的態度。由於神秘男子一直提不出情資獲得的管道，因此警方暫時將他拘留偵訊，以釐清原委。

下午該航班抵達機場後，隨即被反恐小組接管。經過精密的檢查後，探員果然發現一枚疑似定時炸彈的東西，但由於最有經驗的拆彈專家都沒有見過此種炸彈，因此探員不敢移動也不敢拆除，只能拉出封鎖線禁止任何人員接近。

依神秘男子提供的資料，炸彈果真在晚上九點整爆炸，還好人員皆全部撤出，所以炸彈威力雖大幸無人傷亡。

以上是記者掌握的最新消息，有最新情形隨時為您連線，現場還給棚內主播。」

當我離開拘留室，並在總統的陪同下接受媒體採訪時，已經是午夜十分了。

雖然被當成英雄般的推崇，但我的心情實在是高興不起來。我沒有那麼偉大，雖然拯救了兩百多條人命，算是做了一件很大很大的善事，可是整件事情的過程耽擱了我買彩卷時間，我失去了成為億萬富翁的機會。

所以，此刻的我還是個破產的窮光蛋，什麼也沒改變！

我到底是該哭還是該笑呢？

果然真的還是人算不如天算。

賽翁得馬，焉知非福；塞翁失馬，焉知非禍！

記者會後我接到一堆邀約的飯局，原來當班飛機的乘客裡有好幾個富商，他們爭相跟我道謝，說我是他們的救命恩人。而且，有錢人果然就是不一樣，一出手就是一堆鈔票，更巧的是，他們丟出來的錢正好能夠讓我把欠的錢全部還清。

雖然沒有變成億萬富翁，但至少不用再過著罪人般的生活四處躲藏。我又回到那個最原始的起點。

「太好了老公，我們真的感謝上蒼，又可以跟從前一樣，真是太棒了。」

我跟老婆說了與老伯相遇的事，還有看到明天報紙的事，也說了那棟豪宅、還有彩卷的事，對了，最重要的是那些我聽不懂的話。

「老公，我懂老伯的意思，你救了那麼多人，又還清了負債，我們兩個又在一起了，一切回到最原本的時候，再來只要我們腳踏實地的生活就會過的很幸福啊！」

「所以我要再回去當司機嗎？」

「不好嗎？老公，說真的我最懷念你當司機的歲月，穩穩當當的生活著，反倒是你開公司後我整天提心吊膽的，感覺很不踏實。」

老婆說的這段話讓我矛盾了起來。沒錯，欠債的那段期間，我的確懷念老婆所說的那種生活，本來以為要過著一生負債的悲慘人生，如今擁有的原點我卻覺得沒有踏實感與興奮。

難道真的是我太貪嗎？

忘記我，忘記這裡，忘記這個信箱，忘記這棟豪宅。

老伯一直要我忘記的，此刻卻在我心中波濤洶湧的想著！

果然，回去當司機才不到一個月，我又開始厭惡起這樣的生活。當有錢人的細漢的，幫他們開車，看著他們過著朱門酒肉臭的日子，而我卻是看的到卻吃不到，實在是有夠悶的。

其實，我怎麼會吃不到呢？我又想起了老伯、報紙、豪宅、信箱。

今天實在是有夠衰的，竟然不小心跟別的車擦撞了一下，老闆很好心的沒有要我賠修理板金的錢，但還是不免的唸了我幾句：

「你開的這輛車可不是一般普通的車，隨便一個零件可是貴死人的，這次不跟你計較，小心點嘛，最近怎麼了，老是心不在焉？」

我心底知道老闆這樣對我真的應該感恩，可是，我可以不必受這種窩囊氣的。於是我又想起了老伯、報紙、豪宅、信箱。

「老公你為什麼不跟我商量？」

「我知道妳一定會反對，一定會跟我講一堆道理，先前我做生意妳也沒有很贊同，可是這次不一樣，我終於有這個機會可以給妳好的生活！」

「債都還清了，你又有一份工作，這樣就很好啊？可是…你答應的事，我等了好久，為什麼？」

「就是想讓妳這次可以風光一點，不想讓妳只是個司機的老婆！」

「我說過我不care這些，為什麼你老是不懂呢？你破產那時候，我祈禱能夠再回到原本本的生活就好了，結果真的奇蹟降臨，上蒼真的替我們開了一扇門。難道腳踏實地的生活有這麼難嗎？我們並沒有過的不好啊。」

「可是機會是不等人的，我天人交戰了好久覺得怎麼可以就這樣放走它呢？」

「老伯不是說要你忘了這些嗎？這棟豪宅、這個信箱的報紙，都不是我們該擁有的，不是嗎？」

「那不就又回到了原點？難道一直原地踏步是妳希望的？」

「不是原地踏步，而是知足踏實的過生活！老公，我們真的不能住在這，只要我們一直住在這，你一定會停不下來，最後的結果會是一樣的。」

因為認知的差距讓我們會有這麼大的爭吵，心底有兩股力量在拔河著，我覺得有機會追求更好的生活為什麼要原地踏步呢？我想讓我們過更好的生活難到錯了嗎？

老婆真是我的預言家，被她說中了，我停不下來！

老婆堅持不跟我住在可以拿到明天報紙的那棟豪宅裡，於是就這樣離家出走了。

一連中了幾次樂透，我已經累積了可觀的財富。億萬富翁，真的，我真的是億萬富翁了。雖然引起國稅局的注意，但我就是有辦法每期都中獎，不偷不搶、又沒犯法。

而此刻我也真的感受到，錢還真是萬能啊，要什麼有什麼。更應驗了先前幾個酒肉朋友說的，男人只要有錢，什麼女人都會靠過來，而且朋友也開始多了起來，本來幫他們開車的大老闆對我的態度也有一百八十度的轉變！

然後我買了法拉利、凱迪拉克，又買了幾棟豪宅，聽說南太平洋有幾個小島不用多少錢就能買下來，當然也捐了一些給慈善機構。

有錢真的能讓人忘卻寂寞，朱門酒肉臭的日子還真是不錯！

只是，才幾個月的時間，我好像又覺得怪怪的。快樂久了、得在手裡的東西好像又覺得沒什麼了，似乎又缺了什麼？跟以前的生活比，住這麼大的豪宅、每天吃魚翅鮑魚、開著世界最快的跑車、身旁睡的名模又比老婆正個幾百倍、沒事就坐飛機出國玩，可是為什麼幾個月過去我又不覺得有那麼快樂了？

到底還缺了什麼？有什麼東西是我還沒去買的？難道是寂寞嗎？可是現在跟我交往的美女又不只一個，而且有名模也有空姐！缺錢嗎？怎麼可能？雖然不是首富，可是捶手可得的樂透獎金，馬上再多個幾億根本不是問題。但為什麼呢？我腦海裡又想起跟老婆的爭吵，破產的日子，還完債再去開車的那段日子！

犯賤！真的很犯賤！

我一直想著，竟然想到失眠。

清晨五點，天剛亮，於是我走出庭院散散步！看看信箱，明天的報紙還沒來！

我在想，自從住進這棟豪宅後，幾乎沒有這麼早起過，出來晃晃，看會不會遇到老伯。

「是你啊，年輕人，好久不見了！」果真還真是心想事成的馬上就遇到了老伯，他還主動的跟我問候。

「是啊，老伯，一直想跟你聊聊，只是都遇不到你。」

「怎麼會，只要你早起，要遇到我不難啊。」

被老伯暗虧了一下覺得有些慚愧。

老伯看著我，也朝豪宅看看。「嗯，現在你成了這棟宅子的主人啊，怎麼，很不錯吧？」

我面露虛相的苦笑。

「怎麼看你一付若有所失的樣子，這不像是變成億萬富翁的表情吧？」

「我也不知道，老伯您說的很對，剛開始是很快樂，可是為什麼那種快樂這麼短暫呢？我原本以為只要中了樂透我就是全天下最幸福的人，可是為什麼中了這麼多次，該買的都買了，可是還是覺得缺少了什麼，就是覺得虛虛的？我不知道我要什麼？是不是天底下的東西到手了以後就感覺不出它的價值了呢？」

「其實你已經犯規了你知道嗎？還記得那時我跟你說什麼？」老伯點點頭像是什麼都懂的說著。

我騷著頭沒有回答。

「我相信你一定記得，不過我知道，只要是人幾乎沒有不犯這個規的，可是你缺的東西正是犯規的規則！」

聽到老伯說「只要是人幾乎沒有不犯這個規的」讓我心寬了不少，應該不只有我這樣吧。

「那我該怎麼做呢？」

「你是真不懂還是覺得矛盾所以不想懂啊？」

我內心一驚，覺得老伯似乎比我還懂自己。

「好吧，這回我說的嚴厲一點，因為是第二次了，我再說一次，忘記我、忘記這裡、忘記這個信箱、忘記有明天的報紙、忘記這棟豪宅。不然，你又會回到原點的！」

我又想起老婆好像說過同樣的話。

「可是……」

「做不到嗎？」

「可是……，要我放棄當富翁，這……會不會太殘忍了！」

「你不是覺得虛虛的好像缺了什麼嗎？」老伯語重心長的說，「無條件去捨，永遠會得；太貪婪的要得，總會落空！這是老生常談，可是很難做到，不過你要記得，你已經犯規了喔！」

老伯又說了太有哲理的話，於是我低頭沉思、意會思考了一下下，沒想到一抬頭老伯又一溜煙的消失在清晨的街道上，就像上次一樣。

回到原點，到底是哪一個原點？是當司機的那個時候？還是當老闆的那時候？還是破產的時候？還是第一次遇到老伯後看到報紙救了人後的那時？還是現在？

我到底在幹嘛？好想老婆喔，好想跟她談談心說說心理的話，我有這麼多錢，可是卻不知道在不滿什麼，憂愁什麼？真的是很犯賤！

「考慮？我不懂這種天上掉下來的大好機會有什麼好考慮的？不過你一定要聽我的勸，人會不會成功就看他怎麼把握機會。這次你只要聽我的，包准你一定會紅的，我做過這麼多節目，但只有你有這個本領，其他的算命師都是講個模擬兩可的，說穿了有講跟沒講差不了多少，只有你預測明天的事都是斬釘截鐵口直斷，而且還救過那麼多人，這些賣點一定可以讓節目紅翻天的啦！」

正當我感到無助沒有方向的時候，一個趨勢大師兼經紀人來找我談我的價值，他說我的身價被埋沒了，如果我能照著他的建議包裝成為明日大師，不但計畫中的趨勢預測節目能夠一砲而紅，影響力將橫跨各個領域，地位很可能會直逼總統！

說不動心是騙人的，我很誠實的把目前心底的矛盾都跟經紀人說，他分析給我聽：你缺的是成就感、掌聲！也許是因為你有錢來的太突然，一時間不知所措。我想你一定很能了解，沒錢的時候什麼都是妄想，現在有錢了，就要再追求新的東西，一定要靠錢來換地位、名聲、勢力，這樣才會有安全感，你是缺少這些才會空虛。讓我來幫你，我不會害你的，聽我的準沒錯！至於什麼送報的老伯說的什麼聽不懂的大道理，你也幫幫忙嘛，不是我自吹自擂，我還算的上是上流社會的成功人士，閱歷也算豐富，看你是要聽上流的成功人士給你的建議還是要聽一個送報老翁講的大道理，這個可要想清楚啊，機會是不會等人的！

真的，他沒騙我，果然要聽成功人士講的話！我的節目一開播就榮登全國收視冠軍，現在各項專訪、演講邀約、諮詢都已經排到半年後，連總統都聘我為國策顧問，現在他要拼連任還準備邀我當副手來替他加分，甚至還有我的粉絲團自組後援會勸進我乾脆直接組黨參選總統！

真的，現在這樣的感覺真的好棒，原來，被人簇擁的感覺，有權有勢有地位的感覺這麼的讓人醉心，就算每天忙到沒時間睡覺還是覺得活在天堂，沒錢沒勢沒地位就算讓你有很多空閒時間還是覺得活在地獄裡！

人還真是矛盾的動物！

有錢有勢真好！

一早起來到信箱去拿明天的報紙來閱讀是我每天最重要的例行工作，可是今天的頭版標題令我一臉震驚，斗大的標題寫著：截稿消息，最夯的趨勢預測大師昨夜遭槍殺身亡，由於消息得知時已逼近截稿時間，詳情請閱讀晚報及明日報紙，我們將有最詳盡的追蹤與分析！

這……到底……怎麼會……是我看錯了嗎？可是最夯的趨勢預測大師除了我難道還有別人嗎？該怎麼辦……竟然明天的報紙寫著我的死訊…這是開玩笑嗎？可是是截稿消息，什麼詳細的內容都沒有，我難道就這樣無計可施的坐著等死？

一時間我像是六神無主的呆坐著，幾分鐘後我的腦袋才漸漸的恢復運轉。

老伯！對，找老伯，報紙是他送的，一定要找到他，只有他知道未來的報紙是從哪裡來的，一定要找到他。

「老伯，等等、等等，這次你一定要幫我」我上氣不接下氣的說。

好不容易，我沿著住宅區掃了一圈，終於找到了正在送報的老伯。

「你在說什麼？我要幫你什麼？」

「我……明天就要死了，你要幫幫我，你看。」我把報紙拿給老伯看。

「這……」老伯似乎了然於胸篤定的看著我，深長的吐了一口氣，可是一句話都沒說。

我是越等越焦急。「老伯，你倒是說說話啊，這次一定要幫我啊！」

「這……事情都到這個程度了，我只是個送報的老伯，能有什麼辦法？」

「標題寫著因為是截稿時間，所以沒有詳細的人事時地物，但我想如果找到後天或是大後天的報紙，一定會有詳細的細節，這樣我就知道該從哪裡去扭轉避開了？老伯，我知道這也許有點過份，可是這次情形不一樣啊。」

老伯長嘆了一口氣說：「那不是好辦法！你知道嗎？我先前說過你已經犯規了，該停下來了，雖然有點晚了，可是停總比不停來的好啊！」

「什麼停不停的？你難道希望我死嗎？」

「停下來你就不會死！我如果答應你，其實是在害你啊！」

「你一定聽說過救人一命勝造七級浮屠，老伯，算我跪下來求你好嗎？」

我照著老伯所說的，來到眼前這間規模不是很大而且外觀看來有些破舊的印刷廠。他說印刷廠都是很晚才開始作業，難怪現在看過去空蕩蕩的一個人也沒有。

踏入廠房，眼前堆著一疊疊的舊報紙，雜亂裡夾雜著一股詭異的氣息。

沿著樓梯爬到二樓，我壓抑著緊繃的情緒，一步步小心翼翼的走著，眼神一撇，在一個不起眼的角落，果真有著一台電腦。

老伯說打開電腦啟動連結後，點選「未來報紙訊息接收器」的頁面，就能找到往後更多天的報紙。

於是我照著做，打開電腦，只是這部電腦的ram一定很低，光開機我就等到快瘋了，此時好希望時間快轉，可是它卻是一動也不動。

整個工廠裡一片死寂，只剩下安靜。電腦還是在漏斗的開機畫面，但此時傳來清楚的腳步聲，一步一步，清清楚楚，而且越來越近。

雖然只是腳步聲，但我卻能感受出來者不善的氛圍。

我本能的蹲下身來，然後探頭觀望掃描。

接著我們無可迴避的四目相銜，他看到我我看到他，是一個蒙面的黑衣人，一時間我根本不知道該怎麼辦，接著他就像訓練有素的殺手舉起槍對我瞄準，我根本來不及反應，只聽到他說：我就知道你一定會來的⋯

然後「碰」的一聲槍響，我的眼前就一片黑了下來！

睜開眼，在公園長椅上，我嚇出的一身冷汗的醒了過來，揉揉眼睛的看向四周，破曉後的清晨依舊溢散著飄忽的氣息，但到底我現在是身處何處呢？

大大的伸了個懶腰，然後就在清晨的街道上亂晃，突然間在我眼前出現的，竟是一個送報的老伯！他看起來年紀很大，吃力的騎著腳踏車載著滿滿的報紙前行著，而這個情景我怎麼覺得是那麼的似曾相識呢？

就在此時，老伯摔了車，我趕緊上前將他扶起，他向我道謝後給了一份報紙，而我當然也禮貌的謝謝他。只是，這整個過程像是影片重播般的repeat了一次。

我已經心裡有數了！果然，翻開報紙，是明天的，快速的翻了一下，我默記下樂透的開獎號碼後，拿起手邊的打火機朝報紙點了火，不一會兒的報紙就在烈火中化為灰燼，隨風飄揚⋯⋯

遠遠的望著老伯離去的身影，此時的我在心中靜靜的祈禱著，並且很篤定的完全沒有追上去的念頭！

（此短篇小說完結）

到底手頭要有多少錢，
你才會覺得夠了？

# 4-1 錢是慾望的化身沒有人會嫌少但你必須看清楚它是什麼？長的什麼樣子？

錢到底帶給你什麼？現在的你，到底要多有錢才夠呢？一個月五萬？十萬？二十萬？還是年薪百萬？還是要中樂透？還是要像郭台銘才能滿足呢？

而有了錢你要做什麼呢？把房貸付清？買LV？買雙B轎車？但是當東西到手了，馬上就會想要還沒有到手的東西，於是，我們苦苦的追逐卻發現銀子永遠不夠用！

因為慾望的驅使與鞭策，人類從原始的打獵畜牧，然後漸漸的發展出農業而後工業的經濟模式，並因為貨幣的出現終結了以物易物的交易方式，再加上都市化的群聚效應而發產出物質文明、精品文化等現象，也因此快速推動了文明社會的產生。

於是資本主義迅速萌芽，因為這是最符合人性的制度。有了「金錢」的交易流通，讓人們的慾望具體成為白花花的鈔票，可以量化成精準的數字，而且有了清楚依循的道路，人們於是依照著這個規範去追求它、實現它，並從中得到滿滿的成就感。

但世事總是一體兩面的，無止境的追求卻形成了浪費奢靡的價值觀，再加上剝削勞工、貧富差距的日漸嚴重，所謂的「朱門酒肉臭、路有凍死骨」的極端情形於是產生。共產主義的思想因此產生，它試圖想要藉著把「慾望同等化」來消除資本主義所衍生的弊端。但事實殘酷的証明，慾望是不能抑制的，必須回到內心去觀察覺醒才有用！

因為壓制了慾望，表面上是人人平等，但失去了滿足慾望而產生的動力，人類的進步停滯不前，反而造成走回貧窮的更大災難。

對岸的中國現在雖然號稱是全世界最大的共產主義國家，但在改革開放後卻是本質上最資本主義的地方，這真的是非常弔詭歷史事實。

言歸正傳，正因為錢與慾望的驅使，才能成為推動進步的動力！

但諷刺的是，為什麼越是都市化、文明化的地方卻越是焦慮、越不快樂呢？反而古代單純的漁業、畜牧、乃至於農業時代，沒有心靈的文明病，為什麼呢？

答案還是慾望！

真是所謂成也慾望敗也慾望！

我必須說，慾望不是罪，它是大腦的本能，也是人不同於動物的地方，貓狗牲畜只要吃飽就滿足了，但人不是，吃飽了，我們要更多，地位、豪宅、名牌、權勢、恭維、簇擁、醇酒、美人…寫也寫不完！

同樣的，慾望來自比較，來自於你接收了別人的期待、社會的期待，諸如，別人都跟多金又帥的人結婚，別人兩胎都生了兒子、他老婆是空姐、他的女朋友是E罩杯，人家都買了兩棟房子，你還在幹什麼？

於是，我們焦慮的趕快追趕，拼命的「求」，但最後卻被「囚」在憂慮的苦海裡！

有句諺語說：「人類因夢想而偉大，因痛苦而茁壯！」，我覺得這句話表面看是一句很普通的勵志用語，但深層的體會它的涵義，它其實道盡了慾望帶給人們的快樂與痛苦。

因為慾望，人們在心中構築了一個個美麗的夢想，並努力的去實踐它，也因為這樣的築夢過程，讓人類偉大了起來，創造出許許多多不可思議的文明奇蹟。但另一個面相，當夢想沒有實現、不如預期，那就成了痛苦的根源，而這樣的痛苦讓我們有了體悟的機會，於是懂得修正夢想與現實間的參數，多痛幾次，多修正幾次，我們就會變的更成熟、更茁壯，這些都是慾望帶給我們的禮物。

就像「天上掉下來的……」故事裡的主角一樣，老伯、信箱、豪宅、明天的報紙，一個慾望蓋過一個，不知道怎麼停下來。所以，該怎麼讓心中產生的慾望是比較「適合」自己的，不會任憑它如洪水般的透支自己人生，我想這是你我都要一直學習的人生課題。

# 4-2 有錢＝成功＝幸福的人生？

我一定要當個成功的人，過幸福的人生！

我想這是身為人最基本想望，所以，反過來說，沒有人希望當個失敗的人，過不幸的人生。但是，成功、幸福的人生該怎麼去定義它呢？

就是要有錢，有錢就是成功，就是幸福！

這麼說也許很俗氣，但很難否認的是普羅大眾心底所想的、所追求的，不然在各大廟裡，大家拿著香，嘴裡喃喃唸著，是祈求什麼呢？不外乎升官、發財、健康、幸福、五子登科……

所以，錢到底有多重要呢？這幾句話還真的說的貼切！

有錢能使鬼推磨！

錢不是萬能，沒有錢萬萬不能！

愛情沒有麵包的支撐，最後只會剩下怨懟！

不是誰有多厲害，厲害的是錢，有錢才能變犀利！

沒錯，錢真的是一切的根本，這不能否認。

因為我不是有錢人，所以我不快樂，沒錢讓我變的不幸！

我一定要成功，我一定要有錢，這樣才不會被人看不起！

錢到底是什麼？真的能夠買到幸福與成功嗎？

簡單的說，錢能夠滿足人們的外在需求，能夠填補慾望創造出來的快感。

我們需要透過金錢的追逐來滿足未實現的慾望，滿足了，就覺得幸福了。於是，錢讓我們能夠擁有權力、開名車，住豪宅、娶嬌妻、生兒子，然後一步一步的達到五子登科的夢想。

常聽人說，他是個成功的人，這麼成功的人是值得我們學習的！

然而，所謂的成功代表的是什麼呢？存簿上的數字？擁有多少不動產？是別人的期望？眾人注目的眼光？讚美？簇擁？恭維？

然而這一切的一切，都必須以錢為後盾才能達成！

如果說的具象的話就是手中「有」的比別人多，我們就覺得幸福，就是成功，就像在超市買東西，籃子裡拿的東西多的人就覺得比較幸福。

但是，這樣的幸福、這樣的成功你會不會還是覺得不夠、會不會不安、甚至常常焦慮，害怕失去，為什麼呢？

不然富家千金為什麼會自殺？位高權重的領導人為什麼要洗錢貪污？萬人簇擁的大明星為什麼會罹患憂鬱症？

他們很窮嗎？沒錢嗎？沒權嗎？不夠成功嗎？

他們「有」的比我們多，比我們成功不是嗎？

我們追著他們，以他們當標竿，羨慕他們，但是到頭來大家到底在比較什麼？追逐什麼呢？

雖然，金錢似乎萬能，能讓我們築夢成真，但是，金錢所堆砌出來的幸福是有一條界線的，它很難量化統計，於是我用形容的方式來表達，也就是說如果是餐風露宿、居無定所、朝不保夕的話當然不可能幸福。

所以至少三餐要能夠溫飽，要有個居住的地方，明白的說就是不能「貧窮」，食衣住行的基本需求必須確保，這是享受幸福的最基本要件，如果沒有這些，幸福就真的只是空談罷了。

因此，脫離貧窮是個人的責任，也就是用所謂的「小康」這兩個字來定義這條物質所畫出來的幸福界線，當吃穿無虞的時候，我們繼續追求的幸福就會因為每個人心底不同的「慾望種子」而有不同的樣貌。

什麼叫「慾望種子」呢？簡單的說就是你所希望的未來是幅什麼樣的願景圖，而這幅圖它決定了你追求幸福的方式。

不可否認，百分之八十以上的人都是積極的向「外」追求的，不停息的去追求外在的擁有，於是努力的一步步掙得更多的金錢、權勢、房子、車子…當得到了，我們就得到滿足，向外再跟別人比，比別人多一分、多一樣，就覺得快樂！

但是，當擁有的越多我們卻越來越擔心，擔心以後少了一樣怎麼辦，又覺得再多一點就好了，所以繼續去追，停不下來，甚至想慢一點都不知如何下手，找不到煞車在哪？

為什麼會這樣呢？那是因為失去了「內求」的能力！

什麼是「內求」呢？顧名思義就是向內探求，探索自己的內心，洞悉自己的起心動念，唯有如此，才能夠進一步的成為目標與慾望的主宰者。

其實，自己是最難懂的！感受自己的起心動念是什麼，為什麼要有這個欲求，真的是需要學習的。

舉例來說，我想買一支i-Phone手機。

問問自己為什麼需要呢？

拿著它真的很炫，可以跟別人炫耀！

有i-Phone才能彰顯我的身分地位，因為畢竟我是個白領階級的主管！

我靜不下來，只要是等人、等車、等上菜等等的時候，我害怕那種尷尬的感覺，有了i-Phone能夠打發那種尷尬的時刻！

我沒辦法一刻不上網！

新的科技產品我就是想嚐試看看，也許很快玩膩了就不用它了！

我害怕別人都有而我沒有的那種被排擠的感覺！

沒有了i-Phone，我的工作、生活、家庭都會停擺！

沒有了i-Phone，聯絡事情、吸取資訊上會變的很不方便！

我的收入不算低，買支i-Phone來看看玩玩犒賞自己也沒什麼！

無時無刻都可以玩遊戲對我來說有種莫名的快感！

我就是這樣，買任何東西都一樣，要買就買最好的、最夯的，次等的我絕不考慮！

簡單的一個購物行為，我們為什麼買這個東西，你自己知道原因嗎？不過是買支

i-phone，但你能察覺自己起心動念的原因嗎？能夠覺知表面的原因以及內心深處的念頭嗎？一定有人會反駁說，不過是買個東西，有必要搞的這麼複雜嗎？生活不是該越簡單越好嗎？「跟著感覺走」不是最好嗎？

沒錯，但我強調這份感覺必須清楚是怎麼發生的，是外在的還是內求的，也許都有，那當中的比例佔了多少。這樣內求探索的過程會讓你漸漸的找回「感受」的能力，感受自己的心、感受外在的事物、感受得與失…

當你把感受的門打開了之後，就能漸漸的察覺自己，真的能夠懂得珍惜、感恩是什麼？漸漸的，你就不會只能感受「有」的滿足，更能感受到「無」的自在。

當能感受到「無」是什麼，那你就真的擁有了幸福，這種幸福，是誰也拿不走的！

寫到這我必須再次澄清，想變成有錢人，過的比現在更好，外求物質的擁有這是無可厚非天經地義的事，這樣實質的外求能讓人活的充實並且充滿鬥志，但千萬要有覺知，它不該是唯一，而只是可以幸福的選項之一，是幸福的諸多元素之一而已。

當你能夠擁有內求的感受能力時，外求價值觀也會跟著改變，變的更清醒、更契合自己，那麼搶不走的幸福將伴你左右！

# 4-3 如果我是郭台銘就好了！多數的人都「不想當現在的自己」

不可否認，像我們這樣每天為著生活奔波的市井小民，很難不羨慕郭台銘、王永慶這樣的富翁，於是當現實遇到挫折時，也不免會在心底出現一個聲音：「如果我是郭台銘就好了！」、「我要是郭台銘，那問題都解決了！」、「如果王永慶是我老爸我就不用這麼辛苦了！」

想著如果我變成某個富翁就好了，其實這是難免的，因為辛苦生活的我們在現實生活裡不免的遇到無力改變的挫折，於是暫時阿Q的逃避一下現實，做做白日夢其實無傷大雅。

就像「天上掉下來的…」故事裡的主角一樣，繼承父親幫富翁開車的司機工作，但正因為近身看到富翁的生活而覺得羨慕，看的到吃不到，只能嚐有錢人啃剩的骨頭，喝喝他們剩下來的湯，於是他不安於只是當個司機而想自己創業，能夠變成富翁當然再好不過了。

當然做生意必須承受巨大的風險，一個成功故事的背後其實是堆在不知多少人失敗的血淚之上，但人們習慣只看風光的那一面。

生意破產後過著像流浪漢的日子，此時的他最想的是回到以前的自己，果然上帝眷顧他讓他能夠看到明天的報紙，救了人，也因此還清了債，但還清了債回到原點還是不甘於現狀的自己，還是希望成為富翁，於是藉由明天的報紙屢中頭獎，但成了富翁卻還是不滿足！

我想，這個故事想跟大家分享的是，大多數的人都「不想當現在的自己」，想變成別人，過別人的人生！

就像麻雀變鳳凰這類的情節普遍在各類的小說、電影、偶像劇中出現，而且雖然劇情類似、橋段趨同，卻都能引起廣大共鳴，這正好反映了人們對現狀的不滿與對未來的渴求，因為我們在潛意識裡對現在自己的處境感到難以接受，於是投射出一個幻想的國度、虛構的身份，或是未來的自己，希望上天能夠眷戀我們賜與好運，也許是中樂透，或是與少東小開、富家女邂逅，然後一夕之間改變命運，飛上枝頭變鳳凰。

其實戲劇小說反映人們心底最深的渴望，這正是所謂的戲如人生、人生如戲的道理了！

# 4-4 懂得享受「如果」的樂趣 但不執著於能否成真

順著這層人性，我提出一個另類的人生觀，那就是要懂得享受「如果」的樂趣，但千萬不要執著於能否成真。

因為「如果」的期盼讓你的當下是充滿希望的，是漾滿色彩的，不是槁木死灰的，但是千萬不要把如果變成一定要求到的執著。你必須很清楚的覺知到那只是如果，不是現實，是因為如果的可能性而活化了當下的意志。

但是，現在就是現在，把現在的每一刻過好才是最重要的，而你就是你，不要妄想變成別人，因為你變成他也不會幸福的，當然可以以他人為標竿做為努力的目標，但是必須清楚的意識到，每個人的因緣都是獨特的，我們必須接受屬於自己的獨特因緣，並在可以努力的當下努力。

所以，必須認清，最後的結果不見得會變成他，而是充分的享受「如果變成他」所帶來的希望與樂趣，而且如果真的變成了可能是煩惱或災難的開始也說不定呢！

再談買彩卷這件事，這是個很有趣的人性現象，其實中彩卷的機率根本是微乎其微，但是問一般人心底是怎麼想的，大家都會說，「一卷在手希望無窮！」。沒錯，重要的是「希望」而不是中獎的結果，因為中獎的機率根本是可遇不可求的，說穿了就是再怎麼努力也是徒勞無功的，一切只能隨順自然。但是過程中充份的享受了懷抱希望的樂趣，而這樣的樂趣豐富了人生風景，其實沒什麼不好的！

就像「天上掉下來的……」故事裡，主角當司機的時候想變富翁，破產時有懷念司機生活，債務還清後又想當富翁，中了一張彩卷又想中第二張、第三張……，直到最後得知自己的死訊！

也就是說，假設每個想要的「如果」都讓你心想事成的話，那麼無止境的如果絕對會是恐怖災難的開始，絕對不會是福氣的！

# 4-5 金錢買不到什麼？

先前提到，有錢能使鬼推磨！錢不是萬能，沒有錢萬萬不能！愛情沒有麵包的支撐，最後只會剩下怨懟！

有人說，金錢能買到豪宅，但買不到家的溫暖！因為我們看到社會新聞裡常常出現著兄弟爭家產、父子反目成仇的故事，這意味著許多家庭的聚首其實是現實的建立在共同的利益上，溫不溫暖已經不是重點，而是必須爭到該拿到的才比較重要。

金錢買不到友誼嗎？但偏偏很多友誼是因為共同的利益而聚合，因利益而聚也因利益而散。

金錢買不到愛情嗎？有人說愛情是偉大的，沒有任何東西能取代？但是我們捫心自問，有多少戀情其實是建立在鮮花、玫瑰、送名車、豪宅的物質虛榮裡而產生的，當金錢堆砌出來的浪漫送到你眼前時，不心動的有幾人呢？

金錢買不到快樂嗎？看場電影要將近三百塊、出個國上萬塊跑不掉，上夜店酒吧relax也是一筆開銷，如果沒錢，想都別想。

原來，錢真的什麼都買的到！

但是，唯有內心的平靜是多少錢都買不到的！

也就是說，錢能買到看的見的擁有，卻難買看不見的靜謐所帶來的幸福！

因為外在的擁有可以自欺欺人，但是內心是否平靜卻是騙的了別人騙不了自己！家庭、愛情、權勢、地位，它們有可能披著光鮮亮麗的外貌，但內在的實質面卻是外人難以窺探的，而內心的平靜與自在卻是裝不出來的，只有你自己知道，也只有自己可以控制。

試想，貴為一國的總統、或是首富郭台銘，他們的內心一定比你自在嗎？還是你想變成他們你才會快樂、才能自在呢？

好，反過來說，一國之尊的總統會比一個在總統府打掃的清潔工內心還要平靜嗎？煩惱會比較少嗎？

郭台銘的司機雖然只是個司機，但他的內心一定比首富痛苦嗎？更不快樂嗎？

你內心的自在與否，是不是被擁有的多少操縱著嗎？還是一定要擁有什麼後才會自在？

我一定要升上經理我才能快樂！

有了第一桶金才能有安全感！

找到人可以結婚、房貸繳完、生個兒子…這樣我才能快樂！

只要擁有了什麼，之後的路就會一路暢達，就能高人一等，這樣才能永遠幸福愉快？

但是，真的讓你達到那個目標後，你快樂了一下子，然後呢？

目標達成後握在手中的，會不會擔憂一不小心就從手裡失去了呢？如果不擔憂失去，又幹嘛要擁有？於是有了就要更多，這樣才能填補害怕失去的不安！也許你的能力很好，想得到的東西又剛好都一一的實現了，但是問問自己，到底有沒有因為有的更多而得到內心的真正平靜呢？

想買什麼？想擁有什麼？這就代表著我們內心的慾望。前面提到的在資本主義的社會裡，金錢是購買慾望的實質媒介，不但可以量化而且看的到摸的到。

更厲害的是，金錢形塑了社會的主流價值與框架，主宰著我們內心慾望的成形，於是我們想要達成的目標，很有可能大多數是以別人的意見與標準為依歸，或是妄想變成某個成功的人物而拼命的努力去完成，在無止境追逐的過程中，慾望在我們心中形成一個個的坑洞，我們奮力拼命的想要填滿它，才剛剛以為填滿了，但新的坑洞馬上又出現了，而且一定比上一個還大，然後又要再努力的去填才會安心，這樣不斷的循環著，有點像是吸毒一樣，越吸癮頭只會越來越重！

舉個例子，三十歲以上的人應該都還記得過去只有三台的歲月，因為只有三台，所以根本就不需要遙控器，甚至晚間新聞也只有三十分鐘，但當時卻常常享受著定頻看著某個節目的樂趣，會全心的把一個節目從頭到尾看完，廣告時就上廁所喝水，不會拿著遙控器轉來轉去。

但後來隨著有線電視的開放，沒幾年的時間，竟然就有一百多個頻道，於是大家的收視習慣開始改變，遙控器變成必要的配備，最常的情形是，拿著遙控器從第一台轉到一百台，再從一百台轉回第一台，然後還是不知道要看哪一台，轉到一台看了沒幾分鐘又轉掉，一個晚上下來只看到一些斷斷續續的片斷節目，然後無奈的抱怨「電視實在有夠難看」！

問題是，明明有一百多台，遙控器又在你我的手中，選擇這麼多，怎麼會難看呢？難道要變成有一千個頻道才會好看嗎？

不可能的！手中的遙控器就是慾望的癮頭，三台不夠要十台，十台不夠要百台，百台不夠要數位頻道、要MOD、要⋯這是永遠不會滿足的，於是，選擇越多、想要越多反而更焦慮更空虛抱怨更多！

明末清初有本名叫「解人頤」的書裡有首有趣的打油詩，它對慾望有著入木三分的刻劃：

終日奔波只為飢，方才一飽便思衣
衣食兩般皆俱足，又思嬌容美貌妻
娶得美妻生下子，恨無田地少根基
買到田園多廣闊，出入無船少馬騎
槽頭栓住騾和馬，嘆無官職被人欺
當了縣丞嫌官小，又要朝中掛紫衣
做了皇帝求仙術，更想登天把鶴騎
若要世人心知足，除非南柯一夢兮

談到這，我要強調，並不是要大家做一個無欲的人，雖然說「無欲則剛」，但這是太高太高的境界，要像我們這樣的紅塵中人做到實在是強人所難，重要的是我們一定要避免被慾望綁架、成為它的奴隸，應該反過來的向內觀察自己的慾望是怎麼成形的，觀察它、了解它、洞悉它，如此的話就能漸漸的成為它的主人，然後去主宰它、駕馭它！

每天我們打開新聞台、翻開報紙、逛書店看到財經雜誌，都在強調如何如何消費、有錢人過什麼樣奢華的生活、富豪的夢幻婚禮如何如何、M型社會貧富差距怎麼擴大、要怎麼擠進上流社會、要怎麼快速變成富翁等等的？

其實，有那麼嚴重嗎？

只要我們能夠做慾望的主人，每天靜心的生活，踏實的完成該達到的目標，不求有的太多，這樣的人生就會活的很富有！

# 4-6「再窮也不能窮孩子」還是「再窮也要窮孩子」？

我的孩子兩歲就學英文了，下禮拜要開始學日文，然後一定要幫他擠進名星小學，反正，孩子不能輸在起跑點上！

「再窮也不能窮孩子」，什麼都要給孩子最好的，要孩子做那個，不能做這個，要孩子從小到大都要贏過別人，只能贏不能輸。

這些都是天下父母心的最佳寫照，要給孩子滿滿的愛，不能讓他們受到一絲的委曲，這樣才是稱職的父母。

問題是，已經為人父母的，回頭想想我們父母所給予我們的、期待我們的，到最後我們長大成人後所遭遇的一切，再反思現在對孩子愛的方式，這麼做真的是對的嗎？

難道，給孩子最好的真的好嗎？挫折、痛苦、壓力、被人超越、噓聲，這些都不該讓他們嚐嗎？

讓他們當永遠的勝者、高人一等、只能贏不能輸，這樣好嗎？

其實，問問自己，我們想給孩子最好的，那裡面有多少比例是滿足自己的虛榮，期盼孩子的高人一等能夠榮耀自己，可以彌補自己曾經欠缺的部份？

很有可能，滿滿的愛裡私藏著自己滿滿的虛榮！

說一個故事，福泰是個白手起家的商人，擁有上億元的資產，他的老婆英郁是個驕縱的千金小姐，從小就是個養尊處優的公主，在父母的呵護下從沒有受過一點的苦。

他們要結婚的時候，福泰的事業雖然小有規模，但岳父那頭還是沒有百分之百滿意，但看在兩人這麼相愛的情形下就答應了。

婚後福泰沒有辜負大家的期望，事業越做越大成了富翁，也讓英郁享有了無比的虛榮。

時間很快的過去，他們唯一的女兒也到了適婚的年齡，英郁一直想替寶貝女兒找個門當戶對的對象。

但女兒因為害怕母親反對，因此偷偷與經營小吃店的偉傑交往。他實在、負責、認真，雖然沒有顯赫的家世，但福泰看的出來他對女兒的真心。

無奈英郁勢利眼的個性硬要拆散他們，還說那個男的圖的是家產，並介紹另一家大企業的少東要女兒跟他交往。

只是，世事無常，福泰如日中天的事業卻因做保被連累而必須背負對方留下來的所有債務，一夕之間房子被查封，只能帶著妻女餐風露宿以躲避債權人的追討！

偉傑得知這個處境，不但積極幫他們尋覓住的地方，並常常陪伴在他們一家人身邊，一起買菜、煮菜、吃飯，教他們怎麼用最少的錢來過自在的生活。

福泰看著老婆與女兒跟著他吃苦，心底雖有些不捨，但他覺得這個誤打誤撞的機會讓妻子驕縱的個性有了轉變，漸漸的懂得體諒別人。

其實，福泰並沒有破產，因為做保的友人後來良心發現而回頭面對，但這整件事讓他對金錢、人生有了更深的體悟。他白手起家，嚐過貧窮，雖然後來事業有成，但這整件事讓他覺知到，金錢、權勢、地位隨時有可能在一瞬間消失，雖然上蒼有幸的讓他失而復得，但他覺得只有健康的生活態度才是幸福人生的保證。

他非常擔心老婆揮霍的人生態度會害到女兒未來的幸福，所以決定不動聲色的讓母女繼續體驗貧窮的滋味，後來母女發現福泰沒有破產，並沒有責怪他，反而很感恩在這段體驗貧窮的日子讓自己徹底的改變了原本所依循的價值觀，漸漸懂得用知足惜福的態度來面對人生，並且得到了一個好女婿。

更讓他們慶幸的是，原本覺得門當戶對的少東當時在得知他們的處境後馬上跟他們斷絕往來，而且很快的與另一個富家千金結婚，但婚後劈腿、家暴的負面新聞不斷，感嘆之餘他們全家都很感恩這段貧窮歲月所改變的一切！

這個故事想要傳達的是，物質的匱乏並沒有那麼可怕，很多時候反而是鍛鍊積極正面人生觀的最好機會。當然我先前有提到，脫離貧窮是個人的責任，也就是父母必須盡力的達到基本生活的吃穿無虞，但對孩子們來說，完整人格的養成怕的不是相對匱乏的物質處境，而是不健康的愛與期待。

還記得韓國電影「有你真好」與日片「佐賀的超級阿嬤」嗎？這兩部電影的核心觀念都強調了在匱乏的物質生活下反而激勵出最正面陽光的人生價值！兩個阿嬤所展現出來的人生智慧都不是什麼功成名就，反而是刻苦惜福的精神與美德，雖然滿臉皺紋，雖然駝背重聽，但在堅毅無私的奉獻裡漸漸的把愛感染給孩子，我想這樣的言教身教是比上任何的外語、貴族學校都一生受用的。

想想看，讓孩子不要輸在起跑點、踏出成功的第一步、擁有絕佳的競爭力去爭取成功，這些固然重要，但相對於這些，怎麼面對失去、怎麼放手、被人打敗該怎麼自處，也就是好的、壞的、掌聲、噓聲都同樣重要，都需要被用心體驗。

其實每個人一生的際遇變化難以預料，不管我們給孩子再好的起跑點，都不可能期盼孩子永遠的打敗別人，只能踩在別人的頭上，只要爭取，不要失去，那麼這份愛只不過是滿足想要勝過別人的優越感而已，這樣的教育哲學並不是健康的！

談到這，不管你現在是不是已經為人父為人母，到底是「再窮也不能窮孩子」，還是「再窮也要窮孩子」，您覺得呢？

# 4-7 窮的只剩下錢

「窮的只剩下錢！」這是很令人玩味的一句話，不但是暢銷書的書名，就連印度電影也把它當作片名引用。幾年前，政治家族的醜聞鬧的沸沸揚揚時，這句話也被用來當作諷刺的辭彙。

窮不就是沒錢嗎？

怎麼可能很窮卻只剩下錢？

剩下錢就不窮了不是嗎？

只剩下錢應該很富有怎麼會窮呢？

不管我們怎麼定義富有與貧窮，我想在金錢的富有上，社會上只有極少數比例的人稱的上是富有，但他們的生活、一舉一動被媒體過分放大，形成一幅華麗的假性焦慮圖象。

其實，大部分的人都是求個三餐溫飽，求個小康；而白領中間階級頂多要點地位、名片上的頭銜，如此而已。

但是很有可能的，我們會不知不覺的落入只是賺錢花錢的工具性生活裡，每天想的、

愁的就是賺錢、花錢、賺錢、花錢，不斷的循環著而已。

如果我們評斷事情的標準、衡量人的價值都是以錢為依據，除了錢之外談不上什麼目標的話，那麼，也許我們並不是富翁，卻很可能淪落到窮的只剩下錢的窘境而不自知！

所以，窮的只剩下錢不是富翁的專利，我們不能不小心啊！

每天為了生活就已經喘不過氣來了，哪有多餘的氣力想些其他有的沒有的？

談到這，我以「不要窮的只剩下錢」做為結尾來與前面談到的想法做呼應。也就是說，當我們的生活每天為了金錢像陀螺一樣滾的疲累倦乏，金錢已經幾乎成為生活的全部時，我們更要有發自心底「知足、滿足與惜福」的感受能力，這與前面提到的「內求」是同工異曲的意境。也許你會說，這真是老到不行的梗，能不能換點新的，但這個自得其樂的萬靈丹是不假外求的，它帶給你的充實感也只有你自己能體悟。

談個現象，由於科技的進步，傻瓜相機走入了歷史，現在幾乎是人人都有數位相機了。省去了買底片裝底片沖底片的手續，沒有什麼二十四、三十六的限制，看到什麼想拍什麼就拍什麼，沒有負擔，不必構思，更不必刻意的擺pose。哪怕只是平凡到沒有主題的任何人事物，先拍了再說，反正拍跟刪一樣簡單。所以時常會看到一個有趣的畫面，就是四處都有走到哪拍到哪的人，吃飯、走路、上廁所、旅遊⋯，任何時間任何地點，沒有一刻放過。

但是可曾想過，如果出遊時百分之九十的時間都在拍照、攝影，那麼眼前的一切有辦法從心底感受到嗎？而那麼多的電子檔案日後真的能再看的機會到底有多少呢？

另一個現象是，旅遊在商業的炒作與包裝下，似乎漸漸的失去原味而不自知，好像一定要花大錢出國旅遊、踏過天涯海角才算體驗人生。於是很多人定期的把賺來的錢交給旅行社來行萬里路，但卻缺乏對行萬里路的感知。結果是，去過很多地方、買過很多精品、吃過很多美食、拍過好幾個記憶體的照片，但卻無法在心中沉澱出屬於自己獨有的感受，旅遊漸漸的變成一種外在的儀式，走完行程有過足跡就可以交代了。

舉這兩個列子並不是要大家不要拍照、不要旅遊，而是旅遊拍照在生活裡是必要的，但必須覺認到感受當下才是最重要的，我們時常忽略當下卻只想占有，然後貪執的想將占有的戰利品帶到無窮盡的未來。

但實情是，眼前的每一刻，它只能被體驗、被感受，其餘的什麼也帶不走！

體會看看，晨曦、清風、落日餘暉、湛藍的晴空、靜謐的假日午後、慈眉善目的笑顏、發自內心真摯的關懷、溫暖的眼神⋯，你不可能擁有這些，更無法用錢買到，唯一能夠享受它們的方法，只有拿出心來「感受」。

當我們懂得感受當下是什麼，那麼就能漸漸的咀嚼出「知足、滿足與惜福」的幸福味道，不管手頭的鈔票是多的數不完還是缺很大，你都不會成為它的奴隸，更不會掉進「窮的只剩下錢」的流沙裡載浮載沉了！

# PART 5

# 車子篇

# 前言

車子到底有什麼迷人的地方呢？其實說穿了不過是代步的工具，是引擎加上一些鋼鐵組成的四輪工具，而且如果以經濟學的角度來看，燃料稅、牌照稅、停車費、油錢、通行費、洗車費⋯等等費用加起來的話，根本就不符合成本效益；而以環保的角度來看，它是溫室效應地球暖化的主兇之一；而車禍事故更是高居十大死因的前矛。

雖然汽車看似有這麼多的壞處，各國政府也多以推動大眾運輸工具做為運輸政策的主軸，以降低開車的方便度來抑制汽車數量的成長。但不管在政策方面怎麼去提高開車的門檻，擁有一輛車竟然在五子登科裡穩穩的排上一個位置，到底為什麼呢？

# 5-1 駕馭的快感

方向盤本身就是個很迷人的東西，雖然說什麼命運是掌握在自己的手裡，但變成大人後的我們，多少都能體認到生活裡有著太多的事與願違，人生中能全然掌握的東西實在有限，唯獨當你坐上駕駛座，發動引擎然後握著方向盤的時候，只有在這一刻，在這輛車子裡的你，還有被你載著的愛人、家人、朋友是能夠被你全然掌握著前行的方向。

因為人生裡能夠這麼直接控制又如此具體的東西真的很少，油門、速度、方向，要去哪，走什麼路，都能全然掌握在自己手裡的感覺，就是一種駕馭的滿足感，這是一種很獨特的快感，似乎也只有汽車才有這種魔力！

## 5-2 速度的觸覺——掌控在自己的手裡才叫速度

如果以速度來論的話，其實汽車算是「不快」的交通工具，跟飛機比實在差得太遠了，跟火車比穩定性又不足。高速公路限速一百公里，而高速鐵路可以跑到三百公里，一差差了二百公里之多。

在大都市裡，塞車已經成為常態，所以才會建捷運系統來避開車陣，甚至兩輪的機車跟腳踏車有時都比開車來得快，而且明明高速公路最快也只能開到一百二，但為什麼汽車的速度感卻讓許多人醉心不已呢？

我想，這就必須延續前段所談駕馭的快感再來做延伸，也就是說，速度必須掌控在自己的手裡才叫速度，高鐵再快，卻不是自己掌控，我們永遠只能是乘客；飛機升空高飛遨遊天際，我們卻感覺不過是被關在一個飛起來的鐵籠裡；而捷運雖然可以從不動如山的車海裡飛天遁地的呼嘯而過，但被擠在像沙丁魚的車廂裡，我們心裡想的只是要快快抵達目的地就好。

更有趣的是，我的一個朋友是民航機的駕駛長，原本以為他對速度的感覺應該已經麻痺了，沒想到他工作之餘最大的樂趣竟是玩重型機車！他說速度一旦離開了地面就感受不出來了，唯有催著油門握著龍頭時，輪胎與地面觸動產生的速度才能產生快感。

其實重機的速度跟汽車是差不多的，但是他說騎著重機上高速公路的感覺比開著轎車還要棒的多，因為這樣的速度是沒有被隔離的，毫無保留的被赤裸的感受著。他還說飛機航線是固定的，駕駛長也只是依照航道的規定來駕駛，不可能像開車騎車一樣可以隨心所欲的走不一樣的路線。

想想也是，我們坐飛機除了起飛下降時感到有些壓迫感之外，等升空高飛後其實穩穩的幾乎沒什麼感覺，而且除了靠窗的位置勉強能夠享受到鳥瞰的景致外，因為飛得太高了又時常被雲層蓋住，所以反而覺得坐纜車還比較有登高望遠的感覺。纜車雖慢，高度也不及飛機的幾萬英呎，但慢慢地徜徉在山徑間，反而擁有居高臨下的真實感。

所以囉，人們對速度的感觸還真是奇妙，我想速度是相對於空間的一種反差，公里數高不一定感覺的到，而似乎也只有汽車才有這種魔力！

# 5-3 跟著感覺走的自由奔遊

不知道你是否曾經有過這樣的心情，就是開著車沒有目的地的亂走，不一定要去哪，不一定要在哪裡停留，心情就像天空的浮雲一樣。

就是「遊車河」！我覺得這三個字還真把「跟著感覺走」的心境形容的淋漓盡致，就像漂游在河流裡然後完全的放開自己，無拘無束的順著河水流去的感覺。有時候，我們會想出去散散心，想到哪去其實心底也沒個底，就是四處亂走，走到哪逛到哪，想停就停想走就走，沒有負擔只有愜意。

此時車子就是個最棒的代步工具，因為雙腿的腳程與速度畢竟有限，能夠流浪的版圖也因此受到了限制，而汽車滿足並且克服了這一切，當我們坐上駕駛座，發動引擎踩踏油門、轉動方向盤，聽著自己愛聽的音樂，然後就是輕輕的跟隨著車子移動著。最棒的就是可以不必在乎天氣的限制，不論是熱的汗流浹背的盛夏，或是冷到凜烈不堪的寒冬，又或是雷雨交加的惡劣天候，車子都能不受阻礙的完成想要散心的慾望。

汽車另一個勝過其他交通工具的地方，就是它不會只是由甲地到乙地的工具而已！以火車、飛機或是船來舉例的話，假設要從台北到高雄，它們就只有固定的一兩條路線可以走而已，又不能想停就停想走就走，死板板的沒得商量。可是汽車就不一樣了，同樣是要從台北到高雄，它可以有很多種走法，最有效率的當然是走高速公路，但也可以選擇走縱貫路、或是西濱或是台三線，甚或是交錯的行駛都可以。而且，省道、鄉道、縣道各有不同的風土民情，各有各的故事與景緻等著著你來發掘。

雖然說出遊要有規劃才會比較有旅遊品質，不過在台灣我覺得另一種玩法就是開著車亂跑，只需有個大概的方向，然後就沿著公路遊過鄉間小鎮，時常會有意想不到的感觸。所以如果時間允許的話，我會捨高速公路而走省道，因為一旦上了高速公路後，雖然時空被速度收斂了起來，但也會因此錯過了很多靜謐的淳樸空間！

像國道六號開通後，台中到埔里縮短到半小時就能到達，記得以前要到日月潭、九族、廬山、清靜、合歡山等地方遊覽的話，只能走台十四線，沿途經過彰化、芬園、草屯、國姓等鄉鎮，時而路過時而停留，上廁所、加油、吃個飯、伸伸懶腰透個氣，或是到街上隨意的小逛一下，不論如何，在人生不同階段裡都承記著不同的感受與回憶。

也只有汽車才有這種可快可慢的魅力，隨時可以加速也可以慢慢地停駐，而似乎在緩慢裡才比較可能細膩的親近著大地，並讓有層次的感受沁入心底。

## 5-4 高門檻的擁有——控制慾的抒發

很多女人會有這個疑問，為什麼男人要花這麼多錢在車子上，甚至把車子比喻成大老婆、小老婆的！

更讓女人不解的是，男人似乎非常喜愛談論汽車，什麼廠牌、性能、渦輪引擎、配備、扭力、極速等……，但看在旁觀者的眼裡，不過是四個輪子會動的機器罷了，對這種硬梆梆冷冰冰的東西怎麼會有這麼多能聊的。

當然，很難否認這當中是有性別差異的，就像時尚展一樣，男人可能覺得不過是把一堆染過顏色的布料排列組合而已，到底有什麼好瘋狂的，但女人卻不是這麼想的。

雖然如此，我想從另一個「擁有」的角度來解釋。在交通工具裡，只有車子是能夠自己擁有，可以把它變成自己的財產，如果是火車、捷運、輪船就不可能買回家放在車庫裡，當然有少數的富商擁有私人飛機，但那都只能算的上是特例而已。

不過一定會有人會立刻反駁說，腳踏車、摩托車不也是跟車子一樣，可以擁有它而且不受使用時間的限制，但是重點在於汽車的擁有是要具備比較高門檻的，而這個「高門檻」正是它迷人的地方。

當一個男人晉升到有車階級，其實在心中代表的是一種無比的榮耀，因為男人能炫耀的不外乎金錢權勢與地位，但這些東西不像名牌可以拿在手上、穿在身上這麼具相，而且男人不像女人對買名牌來炫耀有這麼大的興趣，因此車子正好滿足了這個缺口！

# 5-5 車子是男人的芭比娃娃

小時候相信每個女孩都玩過芭比娃娃，將她妝扮得漂漂亮亮的，幻想著長大後的自己會像她一樣的迷人，就光只是這樣幻想就能有著甜甜的滿足感。

其實男人迷戀車子的心態也是如此，把自己對成就的迷戀投射到車子上。幾乎每個男孩小時候都愛玩玩具車，而當長大後有了足夠的經濟實力後，買車玩車就是把它當作玩具車的放大版是一樣的心態，裝扮它、保養它、照料它，細心的呵護著，這是不是像女孩在照顧芭比娃娃是一樣的道理呢？

而且很多男人可能覺得，車子跟女人比起來可能還比較好掌握，它雖然是沒有生命的機器，但它會移動、會跑，很容易在情感上將它擬人化，但又不會像活生生的人有著獨一無二的脾氣難以捉摸，就是靜靜的等著你來觀照它、愛護它，任你操控、駕馭，更可以單方面的向它投注情感而不求回報。

人都愛虛榮，也都有控制慾，所以當妳的男人對車的迷戀已經到了妳會吃醋的程度，只要不要太過誇張，不妨從這個角度去體諒他吧。

# 5-6 自由的移動城堡

英國思想家雷蒙、威廉士（R. Williams）就曾經說過：「車子是會移動的私人空間。」他指的是人們在車子這樣的空間裡顯現出來的安全感，就像在自家房間裡是相似的心理狀態。

有的人會把車子當作一個移動的書房，把車子開到山巔、駛到海濱或是鄉間的小徑上，然後拿起手邊讀到一半的書，把方向盤當做桌面，就這樣的閱讀起來。因為換個空間閱讀、換個空間獨處或是思考，時常能有不同以往的滋味。

如果是兩個人的話，車子也是個很優很安全的私密空間，我想很多情侶、夫妻一定會同意我的說法。在一段移動的路程裡，這個空間是全然屬於兩人的，可以放心聊聊心裡的話而不會有太多的干擾，輕輕握著對方的手，然後看著車窗外向後流逝的景緻，共享流動旅程裡的私密與甜密。

當然，除了親密的兩人世界外，房車裡的空間似乎也會拉近人與人間的距離，也許你們是家人、是朋友、或只是工作上的同事，平時在各自的空間生活著，一旦相偕坐進這個移動空間後，此刻的你們是相繫在一起的生命共同體，也許是要一起到相同的地方，又或是回程有人要先下車，但不管怎麼樣都一起相伴了一段路，可能一下車又各自回到自己的空間生活，但在移動的這刻時間裡，彼此被空間緊密的連結著，一起經歷一段「同車共濟」的生命旅程。

也難怪汽車廣告很喜歡著墨家人間的關係，刻劃在移動城堡裡牽繫出來的獨特情感，強調著珍惜彼此在一起的每一秒鐘！

# 5-7 汽車變成了活生生的「夥伴」

前面有提到，以客觀的事實來說，車子不過就是一個裝上輪胎的移動機器，但人是感情的動物，東西用久了多少都會產生感情，尤其是汽車，它會動會跑，把我們從這個空間送到另一個空間，在不同空間的移轉裡，我們拎著不同的心情並不斷的變化著，也許是工作、出遊、約會、參加婚禮、葬禮等，而在這些生老病死的空間移動都會在我們心中捲起各種不同的喜怒哀樂，而車子就在這些人生的移動儀式裡忠實的陪伴著我們，認命的，無怨無悔的！

我相信很多人都有這樣的經驗，在情感已經把自己的愛車擬人化了，車子已經變成了朋友，好像它是有血有肉的伴侶，活生生的忠實陪伴著自己。而且，如果是親朋好友或是情人的話還必須顧慮到對方的感受，但像車子這樣的夥伴不會跟你argue，你只要打檔踩油門控制方向盤，它都會照你的意思陪你去想去的地方，哪怕是半夜三更或是狂風暴雨的時候。

我永遠記得跟初戀女友分手的那個午後，那是一個盛夏燥熱到令人發昏的下午，沿著

西濱公路北上，我猛催油門緊握著方向盤，並試著專注緊盯著眼前的道路，想藉此讓悲傷紊亂的情緒暫時停駐，更有股想憑恃著速度的力量來衝破眼前這個網住我的痛苦世界，彷彿這樣可以把一切暫時拋在後面，讓悲傷的思緒暫時褪出腦海，於是就這麼無終止沒盡頭的開著。

約略高速行駛了一、兩個小時，此時天空的烏雲逐漸集結，炙熱的艷陽快速暗了下來，好似映照了我的心情，接著就是暴雨狂瀉的打在車上，再加上閃電雷聲作響，一時間像是世界末日似的。但我坐在愛車的空間裡，心頭卻沒有一絲恐懼，由於暴雨實在太大造成視線不良，我於是把車停在一處面海的停車場，透過擋風玻璃望著海面，外頭依舊雷雨交加，遠方海面與天空的烏雲似乎已經合而為一而分不出它們的界線。此時，雖然心寒悽楚但卻不覺得害怕，因為我知道有它靜靜的陪伴著。

在這個私密的空間裡，我放心的把情緒全然釋放，然後嚎啕大哭了起來，似乎只有在這裡，我可以這麼安全的赤裸的把自己解放出來，不必去顧慮什麼。望著副駕駛座，那個她也許不會再出現在我生命裡，但此刻的我卻能強烈著感受著它的陪伴，雖然它在本質上是不具生命的，但我卻能感覺出活生生的溫暖！

也因此，在電影或影集裡把車子擬人化的題材也非常的多，像「變形金剛」裡的柯博文、大黃蜂等都是有生命的車子，它們會說話、有自己的感情與脾氣，也會自己駕駛！而動畫電影「cars」的故事則是發生在一個擬人化的汽車世界裡，每輛車都會說話、能思考而且款式多樣，各有各的任務還會勾心鬥角呢；而回到未來裡那輛能穿梭時空的車子，似乎也讓人回味無窮！

所以囉，車子似乎經常能成為一部電影的靈魂元素，這就可想而知汽車在人們心中的地位。

不過我覺得把人車合一的感情刻劃得最傳神的還是八〇年代相當轟動的影集「霹靂遊俠」（Knight Riger），相信五、六年級的朋友們一定不陌生！當年中視的國語配音版本翻譯得很好，把kitt翻成「夥計」，而夥計則稱呼麥克為「老哥」。

後來香港及大陸發行的DVD版本裡，把kitt直翻成「基特」，而基特則直呼麥克的名字，這似乎只有翻出字面的意思，內涵的精髓味道就完全咀嚼不出來了。

當麥克陷入險境對著通話的手錶說：「夥計，我需要你！」「老哥，撐著點，我馬上到！」然後夥計就會自動駕駛的飛奔前往救援，這類經典橋段似乎傳神的詮釋著人與車密不可分、契合無間的夥伴關係。

「霹靂遊俠」距離現在將近三十年了，當年電腦科技才剛起步，更別提人工智慧了，所以當年就能創意出這樣的點子還真是令人佩服。而且很多夥計的功能現在似乎已經實現，像是GPS、視訊電話、電子干擾、熱點掃瞄，還有麥克手上的那隻通話錶，可以說是現在i-Phone手機的縮小版。只是，科技面的華麗很容易超越，隨著特效、電腦動畫技術的日趨成熟，後來以車子為題材的電影或影集，在拍攝上固然在功能上、技術上變的更炫更酷，甚至好萊塢的製作團隊還在二〇〇八年讓「霹靂遊俠」重返螢光幕，打造出二十一世紀的全新版霹靂車。新夥計雖然功能上更厲害，能變形、速度更快，但很多人應該跟我有同樣的感觸，就是覺得少了些什麼味道？

記得舊版的霹靂遊俠有一集劇情是正邪霹靂車的對決大戰，開戰前夥計說：「老哥，如果我們失敗了，我要讓你知道我們永遠是最佳拍檔！」

我想就是「老哥」與「夥計」間幽默風趣的人性對話，彼此相依、默契與信任的獨特情感，這是再強的技術或特效都取代不了的。

台灣發行的DVD版本上有一段文案這麼寫著：「李麥克是我們心中永遠的英雄，而夥計則是每個男人心中的第一輛車！」我想五六年級的朋友們或許都曾經幻想過有一輛自己的霹靂車，能夠像個夥伴一樣的陪伴在身邊，而當我們長大後有了自己的車子時，有沒有喚起你這段回憶與感覺呢？

# 5-8 不能沒有你——車子已經成為家庭裡的一份子了

我的一個高中死黨，他現在依舊開著父親當年留下來的那輛BMW316。那輛古董車雖然耗油，而且每個月的保養費高的驚人，但他還是選擇繼續開到不能修理為止。我曾經問他有沒有考慮換一輛比較經濟的國產車會比較划算，他則說這輛車子裡有兒時與父親經歷一切的點滴回憶，實在是不捨得！

最近高中老友們坐他的車一同出遊，他問我們有沒有感覺到有什麼不一樣，大家都說都快三十年的車會有什麼不一樣？

原來，先前的那輛BMW316真的是舊到不能再修了，車體鈑金整個鏽蝕，於是我這老友不死心的走遍各大中古車行要找同款同型的車，最後終於被他找到，買來後他把原來那輛車裡內裝上能夠移過來的全部搬到這輛新的古董車上，可以更換的零件也盡量的換過來，就是要打造一輛仿古的新古車。

果然他不說還真的沒人發現！老友們在聊這件事的過程裡都覺得這個做法有些不可思

議，但他卻感性的說：那輛車有從小到大的回憶，出遊時、上小學、國中、高中時、大學聯考時、落榜時、重考時、大學註冊時、上成功嶺時…裡面有著成長過程的點點滴滴，更是全家人的回憶百寶箱，只要看到這輛車的形影，然後握著方向盤坐在駕駛座上或是回頭凝望後座，都能給他一股恬淡靜心的安全感。

而我這個老友年底要結婚了，他說他還要開著這輛車跟心愛的老婆去渡蜜月呢！我想，對老友來說，這輛車雖然沒有生命，但在他們家人的心中早就已經是成員的一份子，更是貫穿過去與現在未來的時光甬道，並在心靈深處紮出「不能沒有你」的獨特情感了！

# 5-9 回歸人生的基本面來看「擁有汽車」這件事

雖然與大家分享了這麼多與汽車之間的感情心事，但最終還是必須理性的回歸人生的基本面來看「擁有汽車」這件事，因為除非你是收入真的很高，在生活的開銷上是完全不需要算計的階級，那麼擁有車子就像小孩在玩玩具車一樣，只不過是一種娛樂或消遣那就另當別論。

但這樣的人畢竟是少數，如果你是廣大的市井小民，在經濟上必須過著精打細算的生活，那麼在什麼樣的人生階段，是不是該擁有一輛車，我想就必須要理性的從長計議了！

首先，如果是住在像大台北這樣的都會區，那麼養車所需的開銷將會更為提高。因為大城市裡寸土寸金，停車位一位難求，買一個車位動輒幾十萬，租一個的話從幾千塊到上萬的都有，可說是個相當昂貴的支出。再加上大都會地區的大眾運輸工具日趨發達，到很多地方其實搭捷運或公車會比開車方便的多，不會困在車陣裡動彈不得更沒有找停車位的困擾。於是出現一個有趣的現象，許多住在大都會的人，花了錢買了車或是必須繳很久的貸款，但是平常上班工作的時候坐捷運或騎機車，遇到應酬喝酒時坐計程車以確保安全，結果只有偶爾假日出遊或是到大賣場購物才開一次，真正使用的機會還真的少之又少，但卻必須負擔不便宜的費用，如果以經濟效率來看的話還真是不划算呢！

另外就是心理因素了！「總是要有一輛車才像個男人」，這些想法在男人裡似乎是個很大的迷思，而且不只男人這麼覺得，也很有可能是女人這麼希望才造成男人這麼想，甚至還有人說男生就是要開2000cc以上的才算車，開小車簡直是娘娘腔的表現，或是一定要開進口車，如果開國產車就遜掉了！

既然是迷思，那不過就是心底的一個框架罷了，只要換個角度想，把它拆掉就好了。其實回歸務實的精算面，如果像我上述的，有了車卻使用率很低的話，其實還是有替代方式的，像是很多人偶爾在假日出遊時才開車，那其實可以選擇以租車的方式，因為出遊可以規劃，如果只在近郊，那騎機車就可以代替開車了，或是可以規劃搭客運、火車或是參加旅行社一日、兩日遊的行程，當偶爾想自由自在的跟著感覺走的時候，這時再來租個車其實會比較划算，雖然車不是你的，但你可以完全省去保養、維修，而且燃料牌照稅都不必繳，更不愁停車位等問題，就是想開車的時候享受一下，其實是滿實用且實際的方式。

有一個現實是，車子從擁有的那一刻就開始折價而且一去不復返，因此該不該擁有，該不該為了面子而擁有，就端看你如何思考了！

如果再嚴肅的以環保愛地球的角度來看，那汽車還真是破壞生態的主兇，不但耗費過多的能源，公路的開發更造成生態浩劫，像台灣的中橫公路就是最好的例證。當年在「人定勝天」的想法下鑿通了公路，看似是了不起的成就，但自從九二一大地震後整個地層與植被受到破壞，地質異常脆弱，再加上極端氣候的暴雨接二連三的襲擊，從谷關到梨山這段路修修塌塌了很多次，現在似乎是放棄了，一切讓它回歸原點、休養生息！

而在九〇年代政府還曾經規劃過新中橫、中橫高速公路、南橫高速公路等築路計畫，好像一個小小的台灣到處都要有高速公路才算便捷，還好環保意識漸漸抬頭，這些計畫後來都喊停。現在想起來還真是千幸萬幸，讓我們還能保有天然不被破壞的中央山脈。如果當年這些計畫付諸實行，那麼像玉山、北大武山等百岳就這樣被公路粗魯的穿越過去，對開車的人來說不過是呼嘯而過而已，但帶來的垃圾與廢氣污染卻是永遠的。

如果我們對孕育我們的大地不懂得珍惜，對大自然不懂得敬畏，一味講求快速與便利的同時，未來所遭受到的反撲將會令我們手足無措！

「科技始終來自於人性」是一句且直指人心的廣告文案！沒錯，汽車是科技的結晶，更是物質享受的具體表現，但無論如何當我們在想擁有它的同時，如何求得理性與感性、務實與享受、便利與經濟的平衡點，這就端看我們的智慧了！

（本書完結）

作者：葉威壯

國家圖書館出版品預行編目資料

學會知足，人生才會幸福／葉威壯編著. -- 初版. -- 新北市：菁品文化, 2013. 06

面；　公分. --（通識系列；48）

ISBN 978-986-5946-71-5（平裝）

1. 修身　2. 生活指導

192.1　102007732

通識系列 048

學會知足，人生才會幸福

作　　者　葉威壯
執行企劃　華冠文化
封面設計　上承工作室
設計編排　菩薩蠻電腦科技有限公司
印　　刷　普林特斯資訊股份有限公司
出 版 者　菁品文化事業有限公司
地址／23556 新北市中和區立德街 211 號 2 樓
電話／02-22235029　傳真／02-32348050
郵政劃撥　19957041　戶名：菁品文化事業有限公司
總 經 銷　創智文化有限公司
地址／23674新北市土城區忠承路89號6樓（永寧科技園區）
電話／02-22683489　傳真／02-22696560
網　　址　博訊書網：http://www.booknews.com.tw
版　　次　2013年6月初版
定　　價　新台幣250元　（缺頁或破損的書，請寄回更換）

I S B N　978-986-5946-71-5

本書 CVS 通路由美璟文化有限公司提供
E-mail：jingpinbook@yahoo.com.tw
原書名：人生，剛好就好